ナムコ・ナンジャタウン
「あなたの隣の怖い話コンテスト」事務局 編

怪談
本当に起きた話

二見レインボー文庫

はじめに

ナムコ・ナンジャタウン「あなたの隣の怖い話コンテスト」に寄せられた恐怖の実体験が、今年も一冊の本になりました。多数の応募原稿のなかから厳選された、究極の怖い話が満載です。

自殺現場を目撃してしまったばかりに、家まで「連れてきて」しまったという背筋の凍るような話、「化け物だの幽霊だの迷信なんか信じない」と噂のダム湖に行ってしまった男性の想像を絶する体験、この世のものではないものにマイホームを乗っ取られてしまった家族の悲哀、誰でも行くようなカラオケルームで見たものとは……。

また、いつもの銭湯がまったく異次元の場所になってしまったという不思議な話、死者ではなく、生きている人が予期せぬことを仕掛けてきた、という体験談もいくつかありました。

なぜ、こんな恐ろしいことが我が身に起こってしまったのか、これから再びおなじようなことが起こるのだろうか、そんな恐れが行間から伝わってきます。

四十七話のすべてが、あなたを恐怖の世界に誘います。

霊感の強い人、子供のときから「人には見えないものを見たり、聞こえない声を聞いたりしていた」という人も、もちろんいますが、ほとんどの恐怖体験者は普通の日常生活を送っている人たちです。主婦、学生、警察官、看護師、会社員、医師など、職業もさまざまなら、年齢も十代から七十代まで、実にたくさんの人が身の毛もよだつような出来事に遭遇しています。

ということは、この世のものではない、信じがたい体験をする可能性は、誰にでもあることなのだと、改めて思い知らされました。

もしも、あなたが手にしている携帯電話の撮影画像が日々、表情を変えていったら……、隣の「空き部屋」からノックの音が聞こえてきたら……。想像してみてください。

いま、このときにも、得体の知れないものが、どこかからじっと見ているかもしれない、もしかしたら、その視線に気がついていないだけなのかもしれない……そんな恐怖がじわじわと広がってきます。

四十七の「怖い話」を読み終わったとき、あなたは、そんな視線や気配に敏感になっているかもしれません。よく耳を澄ませ、五感を働かせて、あなたも「何か」を感じてみてください。

「あなたの隣の怖い話コンテスト」事務局のスタッフのひとりが、原稿を熱心に読んだのち、「夜中に外廊下を歩く足音がしたり、窓から何かが入ってくる気配がするようになった」といっていたのは、怖い話に感応し、別の空間につながる扉を開けてしまったからなのかもしれません。

その扉、あなたも開けてみませんか？

今回も、投稿してくださった方の氏名はプライバシーに考慮し、仮名にさせていただきました。

ナムコ・ナンジャタウン「あなたの隣の怖い話コンテスト」事務局

※「怖い話」の募集は、現在は行なっておりません。
※「ナムコ・ナンジャタウン」はリニューアルのため「ナンジャタウン」に名称変更となっております。

目次

第一章　恐怖！ 現代の怪談

第二章　魔界へつながる怪奇スポット

第三章　摩訶不思議な体験談

第四章　この世に未練を残す亡者

第五章　怨霊が潜む歪んだ空間

本文イラスト……日野浦　剛

第一章　恐怖！　現代の怪談

「あなた……連れて……来ちゃってる……」

——内木場 浩（四十七歳）

これからお話しする出来事は、あなたにも起こりうる話かもしれません。私とおなじ体験をされないよう、くれぐれも注意してください。

あの日、私はいつもとおなじように営業のため、車で市内を走っていました。

いつもと変わらない道、Mデパートの裏通り……。

「……ん？　なんだ、あれは……」

前方を大きな段ボールがふさいでいます。しかも、その周りにはたくさんの人だかりができていました。

アクセルをゆるめながら、その横を通りすぎようとしたとき、ちょうど段ボールを持つ人の足もとあたりに、黒いもじゃもじゃしたものが見えました。

〈マネキンのカツラか……？〉

いまにして思えば、そのとき、すでに背中に冷たいものを感じていたような気がします。

その日の夕方、めずらしく、仕事中に妻から電話がかかってきました。

「ねえ、聖那の同級生のお母さん、亡くなったんだって。私、まだ仕事終われないから、あなた、かわりにお通夜に出てくれない？」

急にいわれても、私も早い時間には出られません。

「遅くなってもいいなら行けるけど……。誰が亡くなったんだい？」

聞けば、うちとおなじ三人の女の子をもつAさんだといいます。

父兄会で、四、五回顔を合わせたことがあるので、すぐに思い浮かびました。いつも、少し疲れた感じの暗い横顔……。

「どうして亡くなったの？　病気？　事故？」

妻に問いかけると、戸惑ったような声が返ってきました。

「よくはわからないけど……、自殺らしいって……。飛び降り自殺……」

一瞬、言葉を失いました。

まさか、Mデパート……。

〈そういえば、あの髪型……〉

お通夜の会場についたときは、すでに午後九時をまわっていました。

祭壇にはまぎれもなく、あの髪型のAさんの遺影が飾られています。

なんということでしょう。

私は、飛び降り自殺の現場を目撃し、そして、またお通夜の席に参列しているのです。わが家とおなじ三姉妹がいる家庭で、どうしてこんな悲しいことが起きてしまったのか。ふたりの姉を両側に末娘を膝に抱いた父親と一言二言、言葉を交わしましたが、自分の家族のことのように涙があふれ、慰める言葉もありませんでした。

そのときです。

誰かが私に声をかけたような気がして、振り向いたのですが、そこには誰もいませんでした。

〈気のせい……？　疲れているからか……〉

たしかに私は疲れていました。

ご主人と話をしているうちに時間はすぎ、帰途についたのは十二時すぎのことです。

車を運転する肩がひどく重く感じられ、いやな気分のまま、車を駐車場に止めると、マンションまでの道を力なく歩きはじめました。

すると、後ろから「コツコツ……」と足音が聞こえてきました。

いつも遅く帰宅する、お隣のご主人かと思い、振り返ってみましたが、闇のなかに人影は見えません。気を取り直して歩きはじめると、

「コツコツ……」

また、おなじような足音が響いてきました。

マンションの前まで来たとき、やはり挨拶くらいはしておこうと、足音のするほうに顔を向けました。

しかし、そこには誰もいなかったのです。明るく照らされた外灯の下に、私は声もなくたたずんでいました。

慌てて、玄関の扉を開け、妻を呼びました。

せっぱ詰まったような私の声に、驚いて出てきた妻の表情がみるみる変わっていきます。

「どうした？ そんな顔して……。何かあったのか？ いま、外でおかしなことがあったんだ」

妻は私の言葉など聞こえないかのように、質問にも答えず、こういいました。

「あなた……連れて……来ちゃってる……」

妻の震えた声を最後まで聞き取ることはできませんでした。急いでドアを閉めると、その場で清めの塩を体にかけ、私はそのまま風呂場に向かいました。

何が起こったのかわかりません。

とにかく、何かを洗い流したかったような気がします。

服を脱ぎ捨て、湯船に浸って、冷たい体の芯を温めようとしました。

そのとき、何かに気がつきました。

ふと、見上げた窓。

わずかに開いた窓の隙間……。

何かある……。

恐怖を超えた思いにかられ、じっと目を凝らしてみると、湯気に曇った窓の隙間にたしかに見えました。

こちらをじっと見つめている寂しげな目が……。

鈍く、光っている目です。

次の瞬間、背中に悪寒が走り、私は風呂場から飛び出していました。

呆然としたまま、居間に行くと、妻も両手で自分の肩を抱くような姿で座りこんでいました。

妻も玄関で見たのです。私の背中にしがみついていたAさんの影を……。

私たちはふたりとも、ぐったり疲れていたにもかかわらず、一睡もしないまま、朝を迎えました。

そして、その日は仕事を休み、ふたり揃って葬儀に出かけることにしました。きちんと

供養しなければならないと思ったからです。

葬儀のあとは、何事もなく、平穏な日常が戻ってきました。

しかし、一カ月半ほどしたある日のこと、妻からこんな話を聞かされました。

Aさんのご主人が妻にいったそうです。

「妻の葬儀の際はありがとうございました。妻の死を心から悔やんでいただいたことを、ありがたく思います。それから……、あいつ、死んでからもご迷惑をおかけして、すみませんでした」

この言葉をどう解釈していいのか、私はいまだにわかりません。

レッスン室に流れる悲しいピアノ——清水真紀子(四十三歳)

そのころ、音大を出たばかりだった私は、自宅や近所の幼稚園で子供たちにピアノを教えていました。

小さいころから音楽好きだった私は、子供たちに教えることが楽しく、習いに来る子供たちもみんな音楽が好きで楽しくレッスンに通って来てくれているのだろうと思っていました。

そんなある日、十歳くらいの女の子とその母親がレッスンを見学しに来ました。

その少女は、あまりピアノに興味があるようには見えませんでした。けれども、母親がとても熱心で、ぜひ教えてほしいと頼まれ、私も自分の生徒が増えることはうれしかったので、少女のレッスンを引き受けることにしたのです。

週一回、一時間のレッスンでしたが、少女はなかなか上達せず、おなじ曲を何カ月も繰り返し練習しなければなりませんでした。きっと、家できちんと練習していないのだろうということはすぐに察しがつきました。

「来週もこの曲をやりましょう。次にはかならず仕上げてこられるように、きちんと練習してきてね」

あまりにも何回もおなじ個所を間違える少女に、少しイライラしていた私はいつもよりきつい口調でそういいました。

少女は悲しそうに「はい」と小さく答えました。

次の週のレッスン日、少女は時間になっても現われませんでした。

遠くのほうで救急車のサイレンが聞こえたとき、何か不吉なものを感じて、私は少女の家に電話をしてみましたが、誰も出ません。

結局、レッスンが終わる時間になっても少女は姿を見せませんでした。

夜になり、その日のレッスンが全部終わった九時ごろ、少女の母親から電話が入りました。

「先生、あの子が……事故に遭いました」

「……えっ？」

「……レッスンに行く途中、車にはねられて……さっき、病院で、息をひきとりました」

「そんな……」

そういったきり、もう会話にはならず、私もなんと答えたかわからないまま、受話器を置きました。

その夜、私は眠ることなどできませんでした。

少女のことを考え、ベッドのなかで何度も寝返りを打ちました。

そのときです。

かすかにピアノの音が聞こえてきました。レッスンルームのほうからです。小さな音ですが、たしかにピアノの音がします。

私はそっと寝室のドアを開け、レッスンルームに向かいました。

「……そんなはず、ない……」

どうしても否定したくて、恐怖を抑えこんでレッスンルームのドアに耳をつけます。

やはり……あの曲でした。亡くなった少女が練習していた曲です。

何度弾いてもいつも間違えた、あのフレーズになると、ピアノの音が途切れます。それは、少女の演奏そのものでした。

背中に冷たい汗が流れ、私は混乱した頭のまま、這うように寝室に戻ると、布団を被って朝を待ちました。

あたりが明るくなると、私は「あれは夢だったんだ」と声に出してつぶやきました。こんな信じられないことが起こるはずはありません。少女の事故にショックを受け、聞こえるはずのない音を聞いてしまったに違いないのです。

私は自分を奮い立たせると、レッスンルームに入っていきました。

とくに変わったようすはありません。

〈ほら、やっぱり夢だった……〉

そう思いながら、ピアノの蓋《ふた》を開けた私は、思わず「ギャッ！」と声をあげてしまいました。

ピアノの鍵盤《けんばん》に赤黒いシミがべっとりとついていたのです。まるで、乾いた血のような……。

その日の午後、私は少女の葬儀に出席しました。ご両親は憔悴《しょうすい》しきっていて、とても声をかけられるような状態ではありません。

しかし、お経をあげているお坊さんが私の父の知り合いだと気づいた私は、葬儀が終わるのを待って、お坊さんに声をかけました。そして、夜中の出来事、ピアノについていた赤黒いシミのことを話しました。

話を黙って聞いてくれたお坊さんは、その日の夜、私の家を訪ねてくれました。

レッスンルームに入り、ピアノの蓋を開けます。

「……何か、このピアノに残す思いがあったのでしょうか？　また、今夜も来ますよ」

お坊さんはそういいました。そして、

「今夜、私もここにいましょう。もし、現われたら、あなたから話しかけ、何が心残りなのか聞いてあげなさい」

と続けましたが、私にはそんなことができる自信はまったくありませんでした。

そして、午前〇時すぎ……。

急に部屋の空気がズシンと重くなるのを感じました。全身に鳥肌が立ちました。

「……来た……」

お坊さんはそういうと、静かにお経を唱えはじめました。

いつのまにか、ピアノの前に白い霧のようなものが浮かんでいます。

それは徐々にはっきりとした輪郭をもちはじめました。

ところどころが破れ、汚れた服……。頭からは血が流れ、リボンにも赤黒い塊がこびりついています。間違いありません、あの少女です。

少女はゆっくりと腕を上げると、ピアノを弾きはじめました。

昨夜も聞こえた、あの曲です。

生きていたときとおなじように、問題のフレーズになると、曲が途切れました。そして、

「先生、どうしても、弾けません……。何度も練習したのに……間違えます」

消え入りそうな声でいうと、少女は振り返って、私を見ました。

私は息を呑みました。

ゾッとするほど青白い顔……。半分は血で染まっています。

けれども、その瞬間、私は恐怖より少女の深い悲しみを全身に感じ、胸がギュッと締めつけられるような気持ちになりました。この悲しみをなくしてあげなければ。

「ごめんね。先生が叱ったから、たくさん練習したんだね。よく頑張ったよ。でも、もういいのよ、練習はしなくていいのよ」

「先生……。何度も練習したのに……弾けません。……どうしても、弾けない……練習し

たのに……弾けない……」

少女はおなじことを何度も繰り返します。

その悲しみが私のなかに流れこんできました。

練習しているのに、うまく弾けないことが辛くて悲しくて、とても心残りなのです。その気持ちが痛いほど伝わってきました。

「……一生懸命、練習しているのに……どうして弾けないの？　どうして！」

私の目から涙があふれてきました。まるで自分が少女になってしまったかのように、どんどん悲しくなり、どうしていいのかわかりません。

すると、目の前の少女の姿が少しずつ大きくなり、部屋じゅうに広がっていきはじめました。私の体は、大きくなった霧のような少女のなかに吸いこまれていきそうになります。

「先生！」

お経を唱えていたお坊さんの大きな声で、私はハッと我に返りました。

そう、私はこの子を天国に旅立たせてあげなければならないのです。音楽が原因で苦しい思いをするなんて、悲しすぎることです。

「もういいのよ。ピアノはもうやめましょう」

私は、はっきりした声でそういいました。

　すると少女の姿は、もとのように小さくなりました。そして、

「……うまく、弾けません……」

　と呟きます。

「音楽ってね、音を楽しむものなの。楽しくなくなったら音楽じゃないの。苦しい音楽、悲しい音楽はしなくていいのよ。私は音楽が大好きだから、ピアノの先生になった。でも、あなたはそうではなかったのよね？　ピアノはあまり好きじゃなかったのね？」

「……ピアノの練習……好きじゃない……でも、お母さんがやりなさいって……」

「そうね、辛かったね。だから、もうおしまい。もっと楽しいことをしなさい。あなたの好きなこと。ピアノはもう弾かなくていいの」

「もう、……弾かなくて、いいの……？」

「そうよ、弾かなくてもいいの」

「……練習しなくて……いいの……」

　最後にそういうと、少女の姿はフッと消えていきました。

　けれども、空気はまだ重苦しいままです。

　お坊さんが、またお経を唱えはじめました。

　それはずいぶん長い時間に感じられましたが、やがて読経の声が止み、

「旅立ったようですよ」

とお坊さんが大きく息をつきました。

目を上げると、外は白みはじめ、鍵盤の赤黒いシミはいつのまにか、消えていました。

あの女《ひと》には……影がない——田中悠平(四十八歳)

それは、僕がまだ大学生で、山登りをしていたころの話です。

山登りといっても、登山部やワンゲルに入って本格的に活動していたわけではなく、親しい友人とふたりで二、三日、安全な季節に比較的安全な山に登っていました。

とはいっても、いい加減な装備で登るのではなく、ラジオ、コンパス、地図、雨具、予備服、予備食など可能なかぎりの準備をして出かけていました。

いっしょに出かける友人は大学で知りあったのですが、毎年、十一月上旬、文化の日あたりを、その年の最後の山行に当てていました。

紅葉もきれいですし、運がよければ、冬毛に生え変わった真っ白な雷鳥を見ることもできます。そんな光景を見るだけでも、苦しい思いをして山に登る価値はあります。

その年、僕たちは北アルプスの白馬岳から一気に日本海まで下りることにしました。

幸運にもお天気に恵まれ、抜けるような晩秋の青空と色づきはじめた紅葉を同時に楽しむことができました。おまけに、純白の冬毛をまとった雷鳥の親子にも遭遇することができました。

幸運な出だし、と思っていました……。

最初の夜は何事もなくすぎ、テントのなかで寝袋にくるまって話しているうちに、いつのまにか眠っていました。

次の日も快晴でした。

まわりの景色を楽しみながら歩き、早めにテントを張りました。枯れ草の上に寝ころび、ラジオで音楽を聴いているうちに、静かに日が暮れていきます。

やがて、あたりが闇に覆われると、ラジオを消し、青い月明かりに照らし出された山の影をぼんやりと眺めていました。

物音ひとつしない、その光景はゾッとするほど美しく、同時に恐怖に似たものを感じさせました。

僕たちは月明かりの下で、ウイスキーをちびちび飲んだあと、テントに戻りました。

眠ってどのくらい経ったころでしょう。

「サクサク……」

という、足音が聞こえた気がして目を覚ましました。

友人も気がついたらしく、上半身を起こし、フラッシュライトで時計を見ています。午前一時でした。

「すみません……、お願いします」

突然、テントの外から弱々しい女性の声が聞こえました。

こんな夜中、こんな山奥に、いったい誰が……？

僕たちは顔を見合わせると、頷きあってそっと入口を開けました。

そこには美しい女性がいました。僕たちより少し上、三十歳前後に見えました。ひどく憔悴《しょうすい》したようすです。

「すみません、道に迷ったみたいで……。友人が足をくじいて、動けなくなったんです。助けてください」

山で迷ったときには歩きまわらないのが鉄則です。じっとして朝まで体力を温存させるのが常識なのですが、今夜は月明かりを頼りに動いてしまったのかもしれません。

僕たちは急いで寝袋から這い出すと、登山靴を履きました。

テントから出ると、女性は黙って歩きはじめます。僕たちはそのあとに従いました。

しばらく行くと、彼女は脇道に入りました。僕たちも脇道を歩きます。

道は獣道《けものみち》のようになり、ルートからどんどん外れていることがわかりました。

そのとき、突然、友人がしゃがみこんで靴ひもを結び直しはじめました。僕が立ち止まると、彼は僕にもしゃがむように合図を送ってきます。

「おかしい……」

友人は、低い小さな声でささやくようにいいました。

「何が？」

「見ろ。あの女《ひと》には……影がない」

僕は前を見ました。

氷のような戦慄が背中に走りました。

まだ僕たちが立ち止まったことに気づいていない女性の細い背中で、長い髪がはらはらと揺れています。

そして、彼女に影は……ありませんでした。

「どうしよう」

僕が聞くと、友人は、

「走るぞ」

と答え、ふたりは同時に踵《きびす》を返し、全速力で走りはじめました。

背後から僕たちのものではない足音が追ってきます。首筋を冷たい手でつかまれるような恐怖と闘いながら、テントまで戻ると、なかに転がりこんで、入口を固く閉ざしました。

息が収まるまもなく、外から弱々しい声がしました。

「あの……すみません……お願いします……」

僕たちはどんなことがあっても、口をききませんでした。

しかし、テントのまわりを歩く「サクサク……」という足音は夜が明けるまで、消えることがありませんでした。

朝になり、僕たちは恐る恐る、女性が僕たちを誘っていこうとしたほうに向かってみました。昨夜、引き返した場所を通りすぎ、しばらく行くと、小さな池がありました。

そして、その池のなかに、何本もの曲がった枝にからめとられ、身動きができないような白骨化した死体があったのです。

かつて、黒い瞳があった部分はうつろな空洞となり、僕たちを見上げていました。

そして、長い黒髪が、まるでそこだけ命があるかのように、かすかな水の流れにゆらゆらとなびいていました。

噂は本当だった！ ダム湖の亡霊——宮田春樹（二十九歳）

町外れの田舎道、車を走らせながら、宮田は軽い後悔を覚えていました。酒に酔った勢いで、つまらない約束を果たす羽目に陥った自分のバカさ加減に対してでした。

七月の夕暮れはじっとりと蒸し暑く、ダム湖に向かう宮田のほかに車の影は見あたりませんでした。人家が消え、両側は畑地や森林ばかりになり、遠くの山脈がしだいにシルエットと化すのを眺めながら、宮田は風邪でもひいたような寒さを覚えていました。

「しっかりしろよ。このオレが、化け物だ幽霊だの、アホくさい迷信なんか信じてたまるか」

運転席でひとりつぶやくと、宮田はハンドルを持つ手に力を入れました。

ことの始まりは一週間前のことでした。

その日、南九州の小都市、K市で行なわれた建築関係者の親睦会に出席したときのことです。

宮田自身は水道工事に関係していて、あちこちの顔見知りに挨拶するあいだに何度も酒杯をやり取りして、すっかりほろ酔い加減になっていました。

話が弾むうち、K市でも最大規模の工事であった五年前のダム建設に話が及びました。

そのとき、大柄で押しの強い建設業者の森崎がいったのです。

「みんな、あの事故で死んだ連中を覚えてるか。……実は、あいつら、出るんだよ。日が暮れるとな」

それからは単なる噂話だという者と、実際に見たという者とのあいだで激しい議論になってしまいました。

そして、宮田は、

「オレがこの目で確かめてやる」

と、名乗りを上げてしまったのでした。

宮田は常日頃つきあう仲間のほとんどがひどく迷信深いのは承知していましたが、本人は非科学的なものはいっさい信じていませんでした。

そして、約束どおり、実際にダムに向かったのです。

車はダムの入口に着きました。彼は湖の横手にある道を眺めました。この一本道を夜間、車で走ると、工事で死んだ男の亡霊が出るというのです。

不意に、左手の管理事務所のドアが開いて男が出てきました。

「おや、宮田さん。こんな時間に仕事ですか？」

「いや、ちょっとこの道を抜けて隣町へ」

宮田がそういうと、管理事務所の男は激しく手を振って、

「やめんさい。この時間にこの道を通ると……出るとですよ。もう何人も見てるんですから。ここだって、出るんですから」

と、声を潜《ひそ》めていいます。

宮田は空元気《から》に見えないよう、大声で笑いながら「大丈夫ですよ。すぐ帰ってきますから」と手を上げながら、アクセルを踏みました。

バックミラーを覗くと、男はずっと立ち尽くして見送っていました。

いつのまにか、フロントガラスにポツポツと雨粒が落ちはじめています。宮田は、かつて山林だった場所を切り開いた細い道をひたすら走りました。

昼間ならなんということもない道なのに、押し寄せてくる闇と雨まじりの天候にハンドルを握る手が汗ばんできます。自分がひどく緊張していることに気づき、宮田はホッと大きな息を吐きました。

すでに、隣町までは早くも半分というところまで来ていました。

ふいに、遠くに点滅する光が見えました。車に違いありません。自分と同様、幽霊の存在など信じない人間に遭遇したことがひどくうれしく、思いきってスピードを上げました。

長く伸びた夏草が車の窓を叩きます。

しばらくして、奇妙なことに気がつきました。

光との距離がいっこうに縮まらないのです。

「そうか、オレとおなじ方向に走っているのか」

合点した次の瞬間、疑念が湧きました。

だとしたら……赤いテールランプが見えるはずです。

その疑問に答えるかのように、ヘッドライトが近づいてきました。宮田は安心して、少しアクセルをゆるめました。

しかし、なんだか変です。

ライトはひとつしかなかったのです。しかも、その光源は一定の高さではなく、奇妙な動き方をしていました。

宮田の背筋を冷たいものが走りました。

光はぐんぐん近づいてきます。

そして、間近まで来たとき、彼は思わず、

「あっ！」

と叫びました。

光の後ろに車はなかったのです。彼は腹をくくりました。「来るなら来い」と思った瞬間、光源が不意に大きくなり、光のなかに突っこんでいきました。

反射的に目を閉じました。

車体は激しく揺れました。彼は夢中でハンドルにしがみつき、一刻も早くこの場から脱出したいという思いだけで、アクセルを踏みました。

そのときです。

大きな音を立てて右側のドアが「バタン!」と開きました。

宮田は舌打ちをし、停車すると、「この車も買い替え時か」といいながら、ドアを閉めました。

ところが、十秒もしないうちに再び右のドアが開きます。

いまや、心底恐怖を感じていました。一秒でも惜しい気持ちで、片手をハンドルにかけたまま、右手を伸ばして、ドアをぐいっと引っぱりました。ところが、ドアは閉じません。

何か、引っかかっているものがあります。

再度、力まかせにドアを引きました。

と、驚いたことに、反対側にぐいと引っぱられたのです。

ビックリして、開いたドアの下を見た宮田は、と、恐怖の悲鳴をあげました。

ドアを引っぱっていたのは、人間の腕だけでした。

どうやってドアを閉めたのか、わかりません。

アクセルを踏みこみながら、バックミラーに目をやると、何かが蠢《うごめ》いています。

それは、恨めしげな表情をした、血だらけの男の顔でした。

やっとの思いで家に帰り着いたものの、宮田はそのまま寝こんでしまいました。医者に往診に来てもらいましたが、原因はわからず、首をひねるばかりでした。

そんなある日、見舞いにきた仲間のひとりが即座にいいました。

「祈禱師《きとうし》を頼んでやる。これは医者なんかで治るもんか。憑《つ》き物がしとる」

そのとおりでした。

祈禱師の力で、宮田は健康を取り戻し、以後、彼が超自然現象を笑うことはありませんでした。

これは田舎に行ったときに聞いた、叔父自身の話です。もちろん、叔父は日暮れにダム周辺に出かけることは決してありません。

見えない同居人――益田かおり（二十九歳）

ちょうど、長男が生まれて四カ月経ったときのことです。

私は主人の待つ広島に向かいました。主人は転勤で先にひとり赴任しておりましたが、私は出産後、実家にいて、ようやく家族三人落ち着いて生活できることになったのです。

初めて訪れる広島への期待と好奇心で、気持ちは弾《はず》んでいました。

そう、あんなことがあるまでは……。

住まいは主人の会社の家族寮がありましたので、そこに入りましたが、玄関に一歩足を踏み入れたとたん、どこかで嗅いだことのある匂いに気がつきました。線香の匂いのように思いましたが、前に住んでいた人の匂いかもしれないと、そのときにはあまり気にしませんでした。

引っ越して二日経った日……。

寝室で寝ていると、どこからか、「ギシギシ……」と、床が軋《きし》む音が聞こえてきました。

それは、隣の台所から聞こえてくるようでした。

その家族寮はかなり古い建物だったので、老朽化し、上の階か下の階の人の生活音が響いてくるのかもしれないと、主人と話したものです。

三日め、仕事に出かける主人を見送り、台所で洗い物をしていると、長男の「キャッ、キャッ！」という楽しそうな声が聞こえてきます。居間を覗いてみると、長男は窓のほうを向いて大きな声を出して笑っていました。

「何がそんなに楽しいの？」

と、機嫌のよさそうな長男に声をかけながら、近づこうとして、私の足はその場に釘づけになってしまいました。

長男の左横に奇妙な塊《かたまり》が見えたのです。

幻覚などではありません。

そこにはボロボロの詰め襟を着た、小柄な男の人が立っていました。いいえ……小柄なのではなく、その人には首がなかったのです。

私は手にしていたコップを床に落としてしまいました。

そのとたん、その不気味な姿はスッと消えました。

私は長男を抱きかかえ、慌てて寝室に逃げこむと、主人が帰ってくるまで、そこで震えていました。

「引っ越してきたばかりだから、疲れているんだろう」

主人はそういって慰めてくれましたが、その日から、何度も何度も信じられない出来事が起こるようになってしまったのです。

閉めたはずのドアが開いていたり、誰もいない隣の部屋から「おい！」という男の人の声が聞こえてきたりします。

私は夜中にうなされて、満足に眠ることができなくなってきました。

おなじ夢を何度も見ました。

炎に包まれ、自分が焼かれる夢です。

あまりにもひどいうなされ方で、主人に起こされるのですが、目を覚ましたときには、体は汗でびっしょり濡れ、喉はからからに渇いているという状態でした。

そんなことが一カ月ほど続いたある日、夜中の二時ごろだったと思いますが、台所から「ギシギシ」と人の歩くような音が聞こえてきました。床の軋む音はそれまでにも何度も聞こえてきたのですが、その日は私たちの寝室のほうに近づいてきたのです。

主人を起こし、台所に続くドアをそっと細く開けると、冷蔵庫の前にモヤッと白い霧の塊が見えました。

私たちはドアを閉め、朝まで気配を殺してじっとしていたのですが、このときに私は気がついたのです。

もしかしたら、この家のもうひとりの住人は食べ物、もしくは水を探しているのではないだろうか、と。

主人もおなじことを考えたらしく、次の日から私たちは水、お茶、食べ物を、気配の感じる部屋に七日間ほど供えたのです。

そうして四日経ったころでしょうか。

私は不思議な夢を見ました。

私は川の流れている場所を歩いているのですが、光に包まれて、とても気持ちがよく、身も心も軽く、幸せな気分でした。

その夢と関係があるのかどうかはわかりませんが、その日を境に「ギシギシ」という床の軋む音や、男の人の声は聞こえなくなりました。

しかし、いまでも、心配なことがひとつあります。

長男が窓の外をじっと見て、誰もいない外に向かっておしゃべりをしたり、バイバイと手を振ったりするのです。

そして、私は前とは違った、誰かの視線を感じるようになりました。

ペタリと背中に貼りつく女――森田泰裕（二十四歳）

これは、僕がまだ高校二年生のときの話です。

夏休みが始まったばかりでした。

夏休みというのは始まるまでは、海へ行こうとか、山へ行こうとか、いろいろ話すものですが、いざ始まってみると、毎日遊んでいるわけにもいかないことに気づきます。それなら、さっさと宿題でも片づけてしまえばいいものを、その年齢の人間はたいてい、早々と宿題に手をつけたりしないものです。

僕もご多分にもれずその口で、その日も始まったばかりの夏休みをもてあましていました。暇つぶしに本を読んだり、ゲームをしたりしますが、そういったものは数時間もすれば飽きてしまい、結局、することはなくなってしまいます。

仕方がないので、昼寝でもしようと自分の部屋で横になったのは、夕方にさしかかるころでした。

そのころ、僕はよく金縛りにあっていました。

中学生のときまではそんなことはなかったのですが、高校に入ったころから年に何度か、ときには数日間連続で、それに襲われることがありました。

寝ているときに急に目が覚め、覚めたばかりだというのに、妙に頭は冴えている。まわりの空気が不穏な雰囲気をまとっていることに気づいた瞬間、何か得体の知れないものに強く押さえつけられるかのように、体が動かなくなる……いつも、そんな感じでした。

抵抗しようと体に強く力をこめても、体は機能しないのです。やはり、何かに押さえつけられているという表現がいちばん近いように思います。

しかし、押さえつけられているのは体で、目は開けようと思えば開けることはできます。

でも、僕は決して目を開けませんでした。

怖かったからです。

押さえつけてくる「何か」を振りほどこうと懸命にもがいていると、数十秒ほどで金縛りはスッと解けるのでした。金縛りは気持ちのいいものではありませんが、だからといって眠るのが怖いとか、不眠症になるとかいうことはまったくありません。

その日もほどなく、僕は眠りにつきました。

どのくらい時間が経ったのか、わかりません。

僕ははじかれたように、急に目を覚ましました。

そして、その瞬間、思ったのです。

……空気がおかしい。

これは来るな、とわかりました。もう何度も経験しているので、その前兆には敏感になっていたのです。

目をつぶって、僕は防御体勢に入りました。

そのときです、何かが僕の耳に聞こえてきました。横向きになっている背中の後ろのほう、部屋の入口付近から聞こえてきます。

……人の声です……。

ぶつぶつと何をいっているのかわかりませんが、確実に人の声でした。絶対に「何か」がいます。

その瞬間、「ドンッ！」と僕の背中に何かがぶつかりました。

とたんに、体がピクリとも動かなくなりました。

金縛りです。

どんなに体を動かそうとしても、まるで全身の力がすべて吸い取られてしまったかのように、体はまったく反応しません。そして、動かないだけでなく、背中にはいましがたぶつかってきた何ものかの圧迫感を感じるのです。強く押さえつけられているような感覚でした。

その圧迫感はしだいに、背中から這いずり上がり、肩まで上がってきました。

「ズリズリ……」

背中を這い……肩を這い……とうとう、顔のほうまでやってきました。

「何か」が顔のすぐ前までやってきていることがはっきりわかります。そして、

「みいつけたっ……」

頭の上からそう聞こえました。

僕は必死に抵抗しようと、もがきました。

いままでの金縛りとは明らかに違います。この世のものとは思えない「何か」をはっきり感じたのも初めてなら、もちろん声が聞こえたのも……。

永遠に続くのではないかと思うような時間が経って、ようやく金縛りは解けました。

そこで、やっと目を開けた僕が起き上がると、あたりにはもとの日常の空気がありました。

いつもこうなのです。

今回のような奇妙な圧迫感や声はないものの、金縛りにあっている最中は、場の空気が異次元のものに変わり、まるで自分の体が異世界に誘われるような感覚がありました。

その感覚が恐怖となって、全身に伝わり、必死にもがけばもがくほど、その場を支配す

る「何か」によって体は強く押さえつけられるのです。

しかし、体に自由が戻ると同時に、普段の世界に戻っています。だから恐怖は持続しませんでした。

今回もおなじでした。いつものとおりの何の変哲もない、自分の部屋です。

〈なんだったんだろう〉

そう思いながらも、恐怖はもうどこかにいっていました。まるで夢を見ていたかのような不思議な浮遊感が残っているだけでした。

しかし、あの声……。

しわがれた声……。喉の底から唸るような、それでいて、はっきりと、

「みいつけたっ……」

といったのです。

ということは、僕を探していたのかとふと思いましたが、考えることはやめにしました。考えると、恐怖に襲われそうでした。

夢だったのだと思い、いつもの日常に戻るのがいちばんです。

僕は不思議な浮遊感から逃れるために、顔を洗おうと思い、自分の部屋を出て、洗面所に向かいました。

ところが、まだ背中に違和感を感じます。金縛りを思い返させる、いやな感覚でした。

洗面所のドアを開けると、上半身が映る大きな鏡があります。

その前に立ったとたん、先ほどの恐怖が一気に戻ってきました。いいえ、その恐怖はいままでに感じたどんな恐怖感をも凌駕《りょうが》するものでした。

そこには……。

髪の長い女が、ペタリと僕の背中に貼りついていたのでした。

悲鳴をあげることすらできないで、体が硬直します。

背中に貼りついた女は、死者が着るような白装束をまとっていました。

そして、鏡越しに僕を見て……ニタリと笑ったのです。

ようやく、そこで僕は目をつぶるという防御体勢をとることができました。目をつぶったまま、無意識に手を合わせていました。

念仏など何も知らないので、心のなかで必死に叫びました。

〈僕じゃない！　あなたが探しているのは、僕じゃない！〉

どのくらいの時間だったのか、僕には何時間にも思えましたが、実際には数秒程度だったのかもしれません。

ふと、背中に感じていた違和感が消えました。

恐る恐る目を開けてみると……、鏡には自分の姿以外、何も映っていませんでした。

あの女はいったい何だったのでしょうか。

「みぃつけたっ……」という声は、あの女が発したものだったのでしょうか。

そうだとしたら、いったい誰を探していたのでしょう。

考えてもわからないし、僕はこの話を誰にもしていません。信じてもらえないでしょうし、万一信用してくれたとしても、いたずらに家族に恐怖を与えたくないからです。

ただ、不思議なことに、それ以来、僕が金縛りにあうことはなくなりました。

カラオケルームに潜む不気味な影――草鹿なち（三十五歳）

場所をいうとわかってしまうので、東京のあるカラオケルームとだけ、記しておきます。

後輩のAくんが、大学に入学と同時に、そのカラオケルームでバイトを始めました。チェーン店というほど大きな店ではないのですが、音響のよさには定評がありました。

主音スイッチをまわすと、音楽とマイクの音が同時に大きくなる機械ですが、Aくんはその日、お客さんのいない部屋をまわってエコーをかけながら調整するという仕事をしていました。

二階の205号室に調整に行ったときのことです。

Aくんは、あるグループのカラオケをかけ、仕事の役得とばかりに新曲の練習を始めました。

モニターにはサーフボードを抱えた若い男性と水着姿の女の子が抱きあっているシーンが映し出されています。

〈オレも、まんざらでもないな〉

マイクを持って、いい調子で歌っていました。

と、突然、ゾクッと寒くなったといいます。

ふと、モニターを見ると、抱きあっている男女の後ろに白いコテージがあって、窓のカーテンが揺れていました。

画面に違和感を覚えたAくんが目を凝らしてみると、その窓に髪の長い女の人が、ベタッと張りついて、じっとこちらを見ているのです。どんな顔をしているのか、表情はまったくわかりませんが、ただ、目はポッカリと開いた空洞のようになっていました。

それが、Aくんをじっと見ていたというのです。

「うわっ!」

Aくんはすぐにマイクを置き、電源を切って外に飛び出しました。

それから、一週間くらい経った日のことです。

サークル仲間との飲み会があり、Aくんのバイト先を使うことになりました。この日ばかりはAくんも客としてカラオケルームに行きました。

十人の仲間で行くと、ちょうど空いている部屋は205号室しかないということで、Aくんとしては気が進まなかったのですが、仲間といっしょでしたから、あまり不安にも感じず、部屋に入りました。

「オレ、ここでいやなもん、見ちゃったんだよなあ」

Aくんが話しはじめると、みんな興味津々《しんしん》で何があったのかを聞きたがりました。

Aくんの見たものについて、半信半疑ではありましたが、それなら確かめてみようということになって、さっそく問題の曲を予約しました。

Aくんはあの日とおなじように歌い、あのシーンになったとき、白いコテージは映りましたが、窓に人影などなく、不気味さは少しも感じられません。

「なんだ、おまえ、ただみんなに歌を聴かせたかっただけじゃないか」

そんなふうに突っこまれ、あとはいつものように、歌ったり、ふざけあったりして、あっという間に二時間が経ちました。

超過料金を払わないですむように、早々にお開きにすると、全員揃って受付カウンターに行き、支払いをしようとしたそうです。

「今日はありがとうございました」

Aくんが、カウンターのなかにいるバイトの先輩に声をかけると、先輩は各部屋を映し出しているモニターをのぞきこんでいます。

そして、

「まだ、ひとり友達が残ってるぞ」

といいます。

「そんなはずないです、全員降りてきました」

「十一人だよな」

「いえ、十人です」

Aくんの受け答えを聞きながらも、先輩はモニターから目をそらしません。

「おかしいな。オレ、さっきから気になって見てるんだけど、部屋の隅にうずくまってるあの子、ずっと動かないんだよな」

「えっ？」

Aくんが驚いてモニターを覗くと、たしかに部屋の隅に髪の長い女の人がうずくまっていました。

そして、ゆっくりゆっくり顔をあげ、カメラを見たというのです。そう、真っ黒い、空洞の目で……。

未来から来た「お姉ちゃん」——窪田洋介（五十二歳）

朝の天気予報では、日が落ちるころには雪がちらつくかもしれないと報じていました。

「じゃあ、行ってくるわね。飾りつけのあとでみんなと食事するから、帰りは遅くなると思うの。悪いけど、お昼のカレーを温め直して食べて。それからU子をお風呂に入れてあげてね。風邪をひかせないように、よく拭いて……」

「わかった。わかったから、もう行きなよ。ちゃんとやっておくからさ。ほら、マフラー、外は寒いぞ」

妻は白い息を吐きながら、町内のカトリック教会へと出かけていきました。毎年、十二月になると、近所の奥様方と集まってクリスマスツリーの飾りつけをする習慣になっているのです。

「そろそろ六時か……少し早いけど夕飯にしようか」

四歳の一人娘といっしょにカレーを食べ、テレビのアニメを見てすごすうちに、振り子時計が八時を告げました。

娘を風呂に入れるのは、ずいぶん久しぶりのことです。

普段は妻の役目なので、仕事から早く帰ったときなど、ふたりの楽しそうな歌声がバスルームから流れてくるのを聞きながら、いっしょに入りたいなと思うのですが、わが家のバスルームは三人で入るには、いささか狭すぎました。いちばん小型のユニットバスだったからです。

「いつか、頑張ってお風呂の大きい家を買って引っ越そう。そうしたら、パパとママとU子と、三人でお風呂に入ろうな」

私の言葉にU子はうれしそうに頷きましたが、そのころ、U子は何歳になっているのだろうと考えると、

「やっぱり無理かな」

と、つぶやきました。

ふたりで服を脱ぎ、バスルームに入ってシャワーの湯をU子にかけはじめたところで、リビングの電話が鳴りました。

「パパ、電話に出てくるから、椅子に座って待ってるんだよ。すぐ戻るから」

私はバスタオルを腰に巻きつけると、慌ててリビングに行きました。電話は親せきからでした。

長くなりそうな話を適当なところで切りあげ、バスルームに戻ろうと振り返ると、リビングの入口のところにU子が立っています。

「向こうで待ってなさいっていっただろう？　そんな格好じゃ風邪ひくぞ」

そのとき、あれ？　と思いました。

U子の髪の毛は濡れて、近づくと子供用シャンプーの香りがするではありませんか。

「自分で洗ったのか？　えらいなあ、まだ四つなのに」

いつも、U子の髪は妻が洗っています。自分で髪を洗うようになったという話は聞いていません。いつのまにと思っていると、U子は、

「ううん、お姉ちゃんがね、洗ってくれたの」

といいます。

「……お姉ちゃん……？」

一瞬、意味がわかりませんでした。

一人っ子のU子に姉妹はいないし、まさか近所の子供がやってきて……ということも、

考えられません。

「もう一回、よく考えていってごらん。どこかのお姉ちゃんが来て、髪を洗ってくれたの?」

U子は、黙ってバスルームを指さしました。

U子をリビングに残し、確かめてみることにしました。その話が本当なら、まだバスルームにいるはずです。

ドアのノブに手をかけたとたん、ゾクッと悪寒が走りました。

……誰もいません。

ただ、バスルームのなかは湯気がもうもうと立ちこめて暖かく、いままでふたりの人間がいたかのような雰囲気はたしかにあります。いつも妻とU子がバスルームを使ったあとおなじような状態でした。

棚に置いてあったはずのシャンプーは、床の上に無造作に転がっていました。

そこで、ふと気がついたのです。

U子の身長では、棚の上のシャンプーには手が届かないはずだと……。

妻が帰ると、すぐにこの話をしました。

妻はさっそく布団のなかでU子に、どんなお姉ちゃんだったのか、聞きました。四歳の

子供のことですから、くわしく説明できるわけではありませんが、それでも、おおまかなことは話せたようです。

お姉ちゃんの歳は中学生か高校生くらいで、ふっくらとした色白の髪の短い女の子だったといいます。少し巻き毛のような髪のことを、U子はよく覚えているようでした。

私が電話を取るためにバスルームを出ると、すぐにふいに湯のなかから現われて、「こんにちは」といったというのです。

何がなんだかわかりませんでしたが、妻はバスルームに十字架を吊るし、それからのちには、「お姉ちゃん」が現われることはありませんでした。私も妻もやがてこの騒ぎを忘れていきましたし、U子もすぐに忘れたようです。もっとも、本人は少しも怖がっていなかったので、気にもしていなかったでしょう。

最近、妻と思い出話をするとき、あの「お姉ちゃん」の話がよく出ます。

幼いU子の幻覚だったのか、私も幻覚の一部を体験してしまったのか……。

そのU子も、もういません。

十七歳のとき、留学先のアメリカで飛行機事故に遭い、あっけなく私たちのもとから去っていってしまいました。

ただ、写真立てのなかのU子を見るたびに思うのです。

「あれは、あのお姉ちゃんは、U子自身だったのではないか……」

ふっくらとした色白の顔で微笑む巻き毛のかわいいU子……。留学先から送られてきた、彼女の最後の写真です。

死の旅行への誘い――福田友梨（五十歳）

これは、私がいままで誰にも話すことができなかった出来事です。

私が通っていた小学校にKくんという男の子がいました。Kくんは体が小さく、勉強もあまりできない男の子で、クラスの男子からは無視されたり、陰でいじめられたりしていました。

Kくんをいじめる中心になっていたのは、SくんとYくんとRくんの三人です。三人はクラスのなかで力も強く、何かにつけてKくんに命令をしては威張っていました。

ある日、下校途中に、Kくんが四人分のランドセルと荷物を担いで一生懸命歩いている姿を見つけました。私はKくんに近寄り、

「誰のランドセル？」

と聞くと、SくんとYくんとRくんに無理やり持たされているといいます。

「重いでしょ？　いっしょに持ってあげる」

私は半分の荷物を持ってあげながら、SくんとYくんとRくんの三人に腹を立てていました。

次の日、学校に行くと、すぐに三人をつかまえ、

「Kくんをいじめないで」

といいましたが、三人は、

「いじめてなんかいないよ。遊んでるだけ」

と、ニヤニヤするばかりです。

私は我慢できなくなり、三人を相手に取っ組み合いのケンカになりました。当時、中学生と間違われるくらい体が大きく、空手も習っていた私は、ケンカに負けたことなどありませんでした。三人にも圧勝し、馬乗りになったまま、

「もうKくんをいじめないと、約束しろ」

というと、三人とも泣き声をあげながら、

「わかった、もういじめない」

と、約束しました。

それ以来、三人だけでなく、Kくんをいじめたり、無視したりする子もいなくなって、友達ができたKくんの笑顔が見られるようになりました。

私はその後、すぐに父親の仕事の都合で引っ越すことになりました。クラスでお別れ会をしてくれたとき、Kくんが自分で大切に育てたヒヤシンスの花をプレゼントしてくれたことを、いまでもよく覚えています。

引っ越してからは、Kくんの噂を聞くこともありませんでした。

ところが、それから何年も経ち、高校卒業を控えたある日、Kくんから電話がかかってきたのです。

「Kくん？　久しぶり！　小学校以来だね。びっくりしたよ。どうしたの？」

「いや、なんでもないけど、元気かなと思って」

久しぶりに聞くKくんの声は、声変わりはしているものの、昔とおなじ話し方で懐かしく、高校の話や合格した大学の話などをたくさんしました。

Kくんはしばらく楽しそうに話を聞いてくれましたが、ふとまじめな声になって、

「友梨ちゃん、家族で旅行に行こうとしてない？」

といいます。

私はビックリしました。たしかに、高校卒業のお祝い旅行を計画し、家族で東南アジア

に行くことにしていたのです。

「誰に聞いたの？　すごく楽しみにしてるんだ」

私は無邪気にそういいましたが、Kくんは、

「それだけどさ、行かないほうがいいと思うよ」

というのです。

どうしてそんなことをいうのか、何度も聞きましたが、Kくんは言葉を濁して、はっきり答えてはくれませんでした。

そして、Kくん自身も旅行に行こうと思っているのだといいました。

「いいねー。誰といっしょに行くの？」

「じつはね、SくんとYくんとRくんを連れて行くんだ。小学校のときの同級生の」

私は驚きました。

あのいじめっ子たちと、いつのまに仲よくなったのでしょう。

「そうなんだ。どこに行くの？　もしかして、Kくんたちも海外？」

そう尋ねると、

「いや、違う。けど、遠いところ」

と不思議なことをいい、「じゃあね」といって電話は切れました。

このとき、私は男の子たちのことだから、秘境にキャンプにでも行くのかと、かってに思いこんでました。

電話のあとしばらく、「旅行はやめたほうがいい」といったKくんの言葉が少し気になっていましたが、楽しみのほうが先立って、やがてすっかり忘れてしまいました。

ところが、出発当日、とんでもないことが起こったのです。

部屋で出かけるしたくをし、スーツケースを運び出そうとしたそのとき、階段のほうから大きな音と悲鳴が聞こえ、飛び出してみると、階段の下に父がうずくまっていました。

救急車を呼び、すぐに病院に行きましたが、父は骨折し、旅行どころではなくなったのでした。

「なんで、あんなところでつまずいたのかなあ。なんだか、足首をつかまれたような気がしたんだが……」

病室のベッドで落ちこんでいる父を見ると、責める気にもなれず、

「お父さん、年よ、年。旅行は夏休みに変更しよう」

と私もすっかりあきらめ、父を慰めるようにいいました。

その日は、ずいぶん長く病室にいました。そろそろ帰ろうとしたとき、枕もとにおいてあるテレビから航空事故のニュースが流れはじめました。

それを見て、私たち家族は凍りつきました。

私たちが乗るはずだった飛行機が着陸に失敗して、炎上しているのです。

もしも乗っていたら、いまごろは……？

病院から帰ってすぐ、私はKくんの家に電話を入れました。偶然とはいえ、Kくんの忠告にありがとうをいわなければ、と思ったのです。

Kくんのお母さんが電話に出たので、「お久しぶりです。Kくんいらっしゃいますか？」と頼むと、お母さんは絶句し、その後、電話の向こうで泣きだしてしまいました。

そして、途切れ途切れにこういったのです。

「Kは……三年前に……死にました。友梨ちゃんには仲よくしてもらったのに……」

……そんなこと……。

私はたしかに一週間前、Kくんと話したのです。

けれども、お母さんの話を聞いているうちに、頭が混乱してしまいました。

Kくんは中学の卒業式の前日に、自殺したのだといいます。

遺書はなかったので、事故ではないかという意見もあったそうですが、小学校で一時的に収まったいじめが再発し、おなじ中学に行ったSくんとYくんとRくんから執拗にいじめられていたと同級生も証言したといいます。

そして、不思議なことに当時、どんなに探しても見つからなかった遺書がつい一週間ほど前、Kくんの引き出しから見つかったのだそうです。

「机のなかは何度も見たのに、どうしていまごろ見つかったのか、私もわからなくてね……」

Kくんのお母さんは、その遺書に書かれていたことも話してくれました。

そこには、SくんとYくんとRくんの名前が書かれ、「許さない。絶対に地獄に連れて行く」とあったそうです。

胸騒ぎを覚えた私はすぐに古い住所録を探し出し、Sくんの家に電話をかけました。

すると、Sくんのお兄さんが出てきて、

「Sは買ったばかりの車でドライブに出かけたけど、まだ帰らないよ。YくんとRくんもいっしょのはずだけど」

といいました。

私はSくんのお兄さんに「いっしょに三人を探しに行ってほしい」と頼みました。

お兄さんも、帰ってこない三人を心配していたのでしょう。私を車に乗せて、Sくんたちが向かったというドライブコースを目指して走りました。

それはM峠といって、地元では有名なドライブコースです。夜になると、車の数も少なくなり、外灯もないので暗い山道が続きます。途中には高くて古い木の橋があるのですが、そこは自殺の名所ともいわれる、いやな雰囲気のところでした。

ちょうど、その橋にさしかかったとき、異変に気づきました。

パトカーと数台の車が止まっているのです。

私たちもその脇に車を止めると、駆け寄ってみました。

「何かあったのですか」

橋の下を覗きこんでいる人に尋ねると、

「事故だよ。橋から落ちて、三人、即死らしいよ」

間違いであってほしいという願いも空しく、その三人がSくんとYくんとRくんだということは、すぐに確認されました。

後日聞いたのですが、三人は別々の高校に行ったので、中学卒業以来会ったこともなかったのだそうですが、事故の前日、「誰か」から電話が入り、Sくんの家に集まってドライブに出かけたのだそうです。

そして、事故を起こした車のボンネットには、誰のものかわからない手形がついていたといいます。

Kくんは小学校のとき、かばってあげたお礼に私を飛行機事故から守ってくれ、いじめつづけた三人を許すことができなくて、「連れて行って」しまったのでしょうか。

三人が事故を起こした場所は、Kくんが自殺した場所でもありました。

無人の検視室からの警察電話——山田 茂（四十八歳）

私は当時、埼玉県K警察署に勤務する警察官でした。

その年は例年に比べて交通事故が多く、しかも死亡者が例年を上回っていました。

死亡者は検視を受けるのですが、病院で検視できない場合もあり、そのときは警察署の車庫裏にある検視室に運ばれ、安置されます。

その夜、当直勤務をしていると、警察内だけでつながる警察電話が鳴りました、すぐに受話器を取ったのですが、無言で切れてしまいます。ときどき、そんなことはあるのですが、その夜に限って無言電話は何件も何件もかかってきました。

「間違いか、いたずらか。どこからかかっているか、調べてみないとな」

電話はパソコンと連動していて、どこからかかってくるのか、わかる仕組みになっています。

さっそく、パソコンを開いてみると、電話の発信元は「検視室」となっていました。

検視室は署の裏手にあり、人が出入りすると、センサーが反応するようになっています。

しかし、センサーは何の異変も知らせていませんでした。

「何者か侵入しているのかもしれない。見てこい」

と上司にいわれ、私は検視室に向かいました。

ところが、検視室は施錠され、人が出入りした気配などひとつもなかったのです。

それから、何日か経ったころ、車庫前でパトカーの洗車をしていると、隣でおなじように洗車していた警察官がいきなり、

「どうしたんですか？」

といいながら、検視室のほうに向かって歩きはじめました。

「おいおい。どうしたんだ？」

声をかけると、若い警察官は「あれっ？」という顔をして、

「いま、おばあさんが検視室のほうに歩いていったので、声をかけたのですが……」

と、首をかしげています。

その場には四、五人の同僚がいましたが、おばあさんの姿を見た者は誰もいませんでした。

おなじ時期、深夜に「事故を起こした」という一一〇番があり、現場に向かったのですが、トラックの運転手が道端に呆然と立っていました。

「横断中の女性を……はねてしまったのですが……」

そういったきり、彼は青い顔をして、口を閉ざしてしまいました。

事故のショックで話ができなくなったのかと思い、なだめつつ、周囲を探しまわりましたが、はねたはずの女性の姿はどこにもなかったのです。

しかし、トラックの前には黒っぽい血のようなものが溜まっています。

その血なのですが、どう見ても新しいものには見えません。時間が経ち、すでに固まっているような状態でした。

この土地に何が起こっているのかわからないまま、不気味に思っていると、数日後、まったくおなじことが起こりました。

死亡事故が多いうえに、説明のつかない不思議なことが頻繁に起こったので、事故現場の供養をするため、お寺の住職さんにお願いをしました。

すると、あの不思議な電話や被害者のいない事故の届け出は、ぱったりとなくなってしまいました。

あれは、事故で亡くなった人たちの無念が引き起こしたものだったのでしょうか。

いまでも原因はよくわかりません。

第二章　魔界へつながる怪奇スポット

「駅まで、乗せてくださいませんか？」

——古宮一朗（六十八歳）

あれは年の瀬も押し詰まった十二月三十日、大雨の午後十一時ごろのことでした。

隣町まで車で出かけた私は、帰り道、地元の車しか通らない峠の坂道を走っていました。

小さなトンネルを抜けると、曲がりくねった下り坂が続きます。

カーブが多いうえ、雨が視界を邪魔するので、細心の注意を払いながら、ハンドルを握り、走っていたときです。

目の前に、白っぽい何かが見えました。

スピードをゆるめ、目を凝らしてみると、ヘッドライトが着物姿の女の人を浮かび上がらせました。ずぶぬれになって、たたずんでいます。思わず急ブレーキをかけました。

いま考えると、人里離れた山道を女の人がひとり歩いているなど、おかしいと思うべきだったのですが、そのときは気がつかなかったのです。

「どうされました？」

ウインドウを下げながら、声をかけると、女の人は振り向きました。

二十歳代半ばの、きれいな人です。傘も差さないで、青白い顔をしていました。

「道に迷ってしまって……駅まで、乗せてくださいませんか？」

私はためらうことなく、後部座席のドアを開けながら「どうぞ」と、女性を招き入れました。

全身ずぶぬれのまま、彼女は後部座席に座りました。

「どこから、来られたのですか？」

など、いろいろ話しかけるのですが、女性は無言のまま顔を伏せています。

ついに、駅に着くまで一言も話しませんでした。

「着きましたよ。ここでいいですか？」

声をかけながら、振り向くと、……誰もいません。

何が起こったのか、わけがわかりません。ただ、冷たい汗が背中を伝っていくのがわかりました。

震えを抑えながら前方を見ると、信号の向こうを、雨に濡れながらとぼとぼと歩いていく彼女の後ろ姿が見えました。

〈いつのまに降りたんだ？〉

慌てて車を降り、彼女のあとを追って走りました。

ところが……目の前で路地を曲がったはずの彼女の姿を、そこで見失ってしまったのです。

夢を見ているようでした。

とにかく、車のほうに戻ってきました。

すると、後部座席に人影のようなものが見えたのです。ヘッドライトをつけたままにしていたので、まぶしくて、はっきり見えたわけではありませんが、たしかに着物姿の女性が座っています。

自分でも足が震えているのがわかりました。

車ににじり寄るように近づき、そっと覗いてみました。

しかし……再び、女性は消えていたのです。後ろのドアを開けると、シートは濡れていました。

そして、足もとに小さな黒いバッグがポツンと落ちていたのです。

なかを開けてみると、化粧品のポーチと一枚の名刺が出てきました。

「〇〇妙子」という名前の横に、電話番号が印刷されています。

私は急いで携帯電話を取り出しました。確かめないではいられなかったのです。震える手で番号をプッシュしました。

何回かの呼び出し音のあと、女性の声が聞こえました。年輩の人のようです。

「あの、妙子さんの……お宅ですか？」

「はい……そうですが……」

いきなりの電話に不審感をもったのか、女性は怪訝《けげん》そうな声で答えました。

「いま、峠の急カーブのところで妙子さんを乗せて、駅まで送りましたが……見失ってしまいまして……」

説明のしようがない私は、とりあえず、事実だけを話そうとしました。

すると、電話の向こうの女性は明らかに動揺した声で、

「それは、たしかですか？」

と、尋ねます。

そして、ずいぶん長いこと、黙っていました。重苦しい沈黙ののち、女性はやっと口を開きました。

「妙子は、半月前、峠のカーブのところでトラックにはねられ……亡くなりました……」

「………」

私には返す言葉もありませんでした。

その場に座りこんでしまいそうなほど、ガクガクと足が震えていました。

無人の五階は、魔界との境界線――石井　駿（二十三歳）

その建物は飲み屋街のなかでも大通りに面しているテナントビルで、週末は結構お客さんが入っているようで、にぎやかでした。

けれども、不思議なことに、五階だけはひとつもテナントが入っていないのです。

僕が聞いた話では、十年前に男に振られた女性がここで自殺をして以来、五階のスナックやバーのカウンターにびしょびしょに濡れた服を着た女性が座るようになったということでした。

うつむいてじっと座る女性は、いつどの店に現われるかわからず、自分を振った男を探しているんだと、噂されていました。

テナントのひとつの壁に、まだ黒っぽく変色した部分があり、そこで焼身自殺をしたということです。いつもびしょびしょに濡れているのは、灯油をかぶったからだといった話も聞きました。

そして、五階からは次々に店が消えていき、五階だけが誰もいなくなったのです。

実は僕も、そのビルの向かい側にあるカラオケ店でアルバイトをしていたとき、誰もいない五階の窓に映る女性らしい影を見たことがありました。そのときは先輩と「こえー！」と騒いで終わりになったのですが、ある企画がきっかけで思い出したのです。

大学三年生だった僕は、友人と地元タウン誌の学生ページの編集企画を担当していました。その特集で、地元の心霊スポットを取りあげようと話が盛りあがったのです。街の噂を頼りに、いくつかの心霊スポットと呼ばれるところの写真を撮って記事にしようという、まあ、ありふれた企画でした。

僕とHが取材に行ったのは、平日の午前二時ごろでした。どうせ行くなら、丑《うし》三つ時のほうが雰囲気が出るからという理由だったと思います。

人通りも落ち着いてきて、ホステスやホストが屋台に寄るような時間でした。

三人乗れば窮屈なエレベーターに乗って、五階のボタンを押しました。

「とりあえず、奥まで行って写真撮ろう」

そういっているあいだに、エレベーターは五階に着きました。

なかなか開きません。

「なんで開かないんだ？」

少し不安に思いながら、Hの顔を見たとき、「ガタン」と鈍い音をさせてエレベーターが揺れました。シーンとした静けさが広がります。

いったいどうしたのだろうかと思い、「開」のボタンに手を伸ばそうとしたとたん、「スーッ」と、音もなくエレベーターのドアが開きました。

そして、そこに僕とHが見たものは、真っ暗な闇でした。

ただの闇ではありません。エレベーターの照明が届くはずのすぐ前の廊下でさえ見えない闇なのです。

まるで、エレベーターの外側には深い谷底が広がっているような感じでした。ビルの造りを考えても、そんな闇が存在することなどありえません。エレベーターの目の前には窓があったはずなのです。

僕もHも足がすくんで、動くことができませんでした。

一歩足を踏み出したら、境界線を越えるような、そんな感覚がありました。

いま、思い返してみると、「開」のボタンは押していなかったのに、ドアが開きつづけているというのもおかしな話です。

「戻ろう！」

急にHが叫びました。

「ん？」

僕も同感です。このまま闇を見ていたら、僕たちが引きずりこまれるか、もしくは何かが出てくるか、ふたつにひとつしかないような気がしました。

とにかく、僕は「閉」のボタンを押しました。

ドアは、音もなく閉まりはじめました。

ところが、いきなり、「ガタン」と、何かに引っかかったように、ドアは動きを止め、その後、再び「スーッ」と開いたのです。

「何やってんだよ」

Hが神経質に叫びます。

「おれだって、わからねえよ」

「閉まれ、閉まれ、閉まれ、閉まれ……」

呪文のようにいいながら、ボタンを押しつづけると、やっとドアは閉まりはじめました。

ところが、またしても途中で「ガタン」と止まり、そのあとで「スーッ」と開きます。

「閉まってくれ！」

必死になって何度もボタンを押しました。

「やばいって！」

Hがせっぱ詰まった声をあげました。

「早く閉まれって！」

もう精神状態は極限でした。

叩くようにボタンを押しつづけると、やっとドアは正常な動きを始め、閉まりました。

しかし、そのわずかな一瞬、ドアの隙間から、

「……あ……」

という女性の声が聞こえました。

僕とHは同時に目を合わせました。鳥肌が立って、冷たい汗が噴き出してきます。

後ろも見ず、ビルの外に飛び出した僕たちが心霊スポットの企画をボツにしたのはいうまでもありません。

後日、Hに聞いた話ですが、彼はエレベーターの左側に立ち、そこから何かが近づいてくるのを見たのだそうです。

でも、そちら側には壁しかありませんでした。

三面鏡を覗く山の宿の霊——市川真一(五十九歳)

これは妻と長野に旅行に行ったときの話です。

山の宿に着いたのは夕暮れ時で、薄暗い宿の玄関に現われた宿の主人は伏し目がちの弱々しい初老の男でした。

人けもなく、ほかの宿泊客もいないその宿に、妙な雰囲気を感じたのは、いまから思えば予感のようなものだったのでしょうか。

通されたのは、畳も擦り切れ、ツーンとかびくさい臭いのする部屋でした。

廊下を歩いてくる途中に見たほかの部屋に、リフォームしたばかりのきれいな部屋が一室あったのを目ざとくチェックしていた妻は、宿の主人にそれとなく切り出しました。

「あのきれいな部屋には、ほかのお客様がいらっしゃるんですか？」

宿の主人は戸惑ったようすでしたが、

「いえ、空いてはいますが……」

といいます。

私たちは部屋を替えてもらうことにしました。

その部屋はまだ新鮮な畳の匂いがし、塗り替えたばかりらしい壁が明るさを提供していました。

「気持ちいいじゃない」

妻は気分が晴れたように喜び、部屋の隅においてある三面鏡を開きました。

「この三面鏡、ちょっと時代物っていう感じね。……あら、いやだ、シワがはっきり映る鏡だわ」

そういってすぐに閉じてしまいました。

その夜、旅の疲れからか、ふたりはすぐに深い眠りに落ちていきました。

午前二時ごろだったでしょうか。

不思議な音に目を覚ましました。衣擦《きぬず》れのような音でした。

そして、部屋と廊下を隔てている襖《ふすま》が「スーッ」と開く気配を感じ、そちらを見ようとした私は、思いがけないことに狼狽《ろうばい》してしまいました。体が動かないのです。首をまわそうとするのに、首どころか体のどの部分も化石のように動かないのです。

金縛りでした。

意識ははっきりしているのに、なぜ動かないのか、わかりません。

必死になって目だけ襖のほうに向けました。

すると、そこには白い着物を着た髪の長い女が立っていたのです。

女はまるで宙に浮かんでいるかのように、スルスルと三面鏡のほうに移動しました。そして、その前にある低めの椅子に腰かけると、三面鏡を開きました。

しばらくのあいだ、自分の姿をじっと見つめていましたが、やがて、その長い髪を櫛でゆっくりゆっくり梳《と》かしはじめました。

と、次の瞬間、ハッと気がついたように、鏡越しに私のほうを見ました。

細面の寂しそうな顔立ちですが、私を見据えるその目は、ゾッとするほどの冷たい光を放っています。

私が力を振り絞って声を出そうとしたとたん、女は高速回転フィルムのように襖の外に消えていってしまいました。

襖はわずかに開かれたままになっています。

私は起きて襖を閉めようとしましたが、それまでに感じたこともないような強い睡魔に襲われ、いつのまにか、気を失うように眠っていました。

朝、目が覚めると、私はすぐに襖に目をやりました。

襖はわずかに開いたままです。

そして、あの三面鏡も開いていました。

やはり夢ではなかったのです。妻に、そのことを話しましたが、

「気のせいよ。疲れていたんでしょ」

と、まったく信じようとしませんでした。

とにかく、私は妻をせかせて、逃げるように宿をあとにしました。

それから、家に帰りましたが、その日から妙に体がだるく、風邪でもひいたかのように「コホッ……コホッ……」といやな咳が出ます。次の日も次の日も一向によくなりません。

しばらくすると、「コホッ」と咳をしたときに吐血していました。

胃潰瘍にでもなったのかと不安になりました。しかも、日が経つにつれ、吐血の回数も量も増えていったのです。

さすがに心配になり、病院で精密検査を受けましたが、どこにも異常は見つからず、医者には「健康体ですよ」と太鼓判を押されました。

困り果てた私は知人の紹介で、ある霊能者を訪れました。ご祈禱《きとう》をしてもらうと、不思議なことに咳も吐血もぴったり治まり、世の中には科学では解明できないことがあるのだとつくづく思ったものです。

やはり、原因はあの山の宿に現われた女なのか……。

その考えはずっと否定できないでいました。

それから、しばらくして、例の山の宿の近くに行くことがあったので、宿には近づかず、土地の老人に宿のことを聞いてみました。

「これは、内緒なんだがね……」

老人は声を潜《ひそ》めて話してくれました。

あの宿の一人娘は不倫の末、カミソリで首を切り、自殺をしたというのです。その現場となった部屋は血だらけで始末に困り、リフォームしたということでした。

事実を聞いた私は、初めて鳥肌が立つほどの恐怖を感じました。

この話をこうしてしてしまったことで、また、誰かが知ってしまったことで、新しい災難が起こらなければよいのですが……。

夜勤の静寂を破る怪奇電話——大月久司（二十七歳）

僕が高校卒業後に勤めた会社で起こった出来事です。

当時二十歳だった僕ですが、仕事にも慣れ、毎日精力的に働いていました。

ある初冬の土曜日、僕は夜勤のため出勤しました。

会社は二十四時間態勢で精密機器を製造する工場だったので、休みの日にも交代の出勤があったのです。午後から仕事につき、翌日の午前一時には次の社員と交代して、日曜日にはゆっくりと休日を満喫しているはずでした。

あの夜、その出来事さえなければ……。

土曜のその日、稼働しているのは僕のいる部署と、別の部署がふたつだけで、いつもは三百人もの従業員がいる工場も静かでした。

出勤している人も極端に少ないので、静寂とほの暗さのなかで、自動で動きつづける機械の単調な音だけが響いていました。

仕事が終わるまでにあと三十分、午前〇時三十分になったとき、いきなり、机の上の内線電話が鳴りました。

おなじ部屋にいた僕を含む四人の目がいっせいに電話に注がれました。

この時間にどうして電話が鳴るのか？

その日、社員が出勤していたほかのふたつの部署は僕たちの部署とは仕事内容が違うので、普段、内線で連絡してくることなどないのです。

僕は不審に思いながらも、受話器を取りました。

「もしもし……」

返事がありません。

なんだか、背中がゾワゾワしてきました。理由はわかりませんが、不安と恐怖に似た感情が押し寄せてきたのです。

「もしもし……」

何度めかの「もし」をいいかけたとき、相手は、何か一言発してプツンと電話は切れました。

そのとき、電話の相手は何かしら、一言つぶやいたのです。はっきりと聞き取ることはできませんでしたが、たしか「さようなら」とか、「おやすみなさい」とか短い言葉だったように思います。

それが、女性の声だったことだけは、はっきりとわかりました。

「ツー、ツー、ツー……」

無機質な音がする受話器を、ゾッとしながら切りました。

なぜ返事をしなかったのか。最後に一言、なんといったのか、そして、どこから電話をかけてきたのか……一度にいろいろなことを考えながら、電話機を見ました。

電話には発信元の番号が表示されています。

「40番……なんだ、隣の部署じゃないか」

隣の部署というのはおなじフロアにあり、薄い壁一枚で隔てられています。向こうにいる人に声をかければ聞こえる位置でした。

薄い壁と天井のあいだは五十センチほど空いていますが、その空間から見るかぎり、隣の照明は消えています。それもそのはずです。その部署は朝から誰も出勤してきていないのです。

誰かが真っ暗な部屋からいたずら電話をかけてきたのだろうか……？

二階にはいたずら好きのNさんがいましたが、三階に上がってきたようすはありません。僕に気づかれず、隣の部屋に行くことは不可能でした。

第一、Nさんは男性社員で、僕が聞いたのは女性の声だった……。

その夜、それ以上のことは起こらず、結局、誰からの電話だったのか、わからずじまいになりました。

数日間は、40番の内線電話が気にかかっていたものの、日が経つにつれ、そんなことも徐々に忘れていきました。

ある日のこと、普段はあまり話さない先輩から奇妙な話を聞きました。例の内線40番のある部署への異動は、誰もがいやがっているというのです。三百人も勤めるこの会社のなかでも有名なのだそうです。

「変なことが起こるらしいよ。残業してると、肩を叩かれて、振り向いたら誰もいなかったとか、戸締まりしようとしたら、女の人が不意に現われたとか……」

女の人……？

あの夜の恐怖が一気に甦《よみがえ》りました。

そんな話を聞いた週の土曜日、僕は運悪く、夜勤になってしまいました。夜勤が明けると、翌日は休日なので、すべての部署に施錠し、警報システムのセンサーを作動させてから社を出ます。

このセンサーは前に物体があると反応してしまうので、作動させるときには、前に何もないかチェックしなければならないという厄介なものでした。

夜中すぎ、僕は仕事を終え、すべての部署とセンサーを見てまわり、なるべく早く外に出ようと焦っていました。なんだか、どこかから、誰かに見られているようないやな感じがして仕方ありません。

すべての戸締まりをすませ、裏の玄関まで出て、管理室の警報システムを作動させようとしたところ、一箇所のセンサーが何か異常を感知していて、作動しませんでした。

僕は仕方なく、場所を確認しました。

あの……40番の電話がある部屋です。

そのまま帰るわけにもいかず、意を決して三階に戻りました。

すると、先ほど見たときには何もなかったセンサーの前に、婦人物のブーツがポツンと置かれているではありませんか。

それをどけなければ、帰れません。

恐る恐る近寄って、手を伸ばしたとたん、「ヒッ！」と声が漏れました。ブーツはぐっしょり濡れていたのです。

僕はブーツを蹴飛ばし、裏玄関に走って警報システムのスイッチを入れると、逃げるように外に飛び出しましたが、そのとき、後ろからたしかに聞こえました。

「……さようなら」

あの日の内線はいたずらや間違いではなかったことを確信しました。

でも、もうそのことをあまり考えないようにしています。それを理由に転職するわけにもいかないのですから、忘れてしまおうと決心しています。

けれども、あれから七年経ったいまでも、ときおり思い出してしまいます。あの電話の声と真っ赤な血で濡れたブーツのことを……。

あの女性は、いまでも内線40番の部屋にいるのでしょうか？

空き部屋から響くノックの音――上村雄介（三十四歳）

僕が大学入学と同時に住んだアパートの部屋は二〇二号室でした。

隣の二〇一号室の小川さんは見るからに温厚そうな人で、夜中も静かでしたが、反対側の二〇三号室には誰が住んでいるのか、姿を見たことはないものの、ときおり、夜中にごそごそと物音がしました。

表札もないので、名前もわかりませんでした。

大学にもすっかり慣れた秋のある夜、友人たちと明け方まで飲み歩き、ベロベロに酔っぱらってアパートに帰ってきました。

意識がボオッと遠のいていくような状態で、自分の部屋のドアノブに手をかけると、

「コンコンコン……」

ノックの音が聞こえました。

ぼやける視界が一瞬、ピッと定まりました。

しかし、酔いを覚まさせるほどではなく、そのまま部屋に転げこむと、布団にくるまって眠ってしまいました。

翌日の日曜日は、二日酔いの体を引きずるようにバイトに出かけ、吐き気と闘いながら、なんとか仕事をし、帰途につきました。

アパートの前まで来たとき、昨夜のことが急に頭をよぎりました。

そういえば、昨日のノックの音……あれは何だったのだろう……？

たしかに、部屋のなかから聞こえたような気がしました。

まさか泥棒？　とも思いましたが、部屋のなかには誰もいなかったし、泥棒が入ったとしても、持っていくようなものは何ひとつないしと思いながら、階段をあがり、部屋の前に立ちます。

鍵を開け、ドアノブに手をかけました。

「コンコンコン……」

またです。

シーンと静まりかえった廊下に、ノックの音が不気味に響きました。

「コンコンコン……」

耳をそばだてると、隣の二〇三号室からそれは聞こえてくるようでした。

「コンコンコン……」

いやな汗が出てきましたが、思いきって二〇三号室の前に行き、チャイムを鳴らしました。

「ピンポーン……」

返事はありません。

首を傾げながら、自分の部屋の前に戻り、ドアに手を伸ばすと、

「コンコンコン……」

いたずらにしても腹立たしく、我慢できなくなって、二〇三号室に行くと、チャイムを鳴らさずにドアを直接叩きました。

「すみません！　二〇二号室の者ですけど、いるんでしょ？」

やはり返事はありません。

だんだん気味が悪くなって、こわごわ自分の部屋の前に戻り、ドアを開けようとすると、今度は、

「ドンドンドンドン!!」

叩きつけるような大きな音が響きました。

「ドンドンドンドン!!」

「ドンドンドンドン!!」

その音は何度も何度も二〇三号室から響き渡りました。

背筋がゾッとして、なかに入ると、急いで明かりとテレビをつけました。そして、壁に耳を当ててみると、隣からは「ゴソゴソゴソ……」と妙な音がします。

携帯を手に取って、警察に電話しようかと迷いましたが、物音くらいで通報するのもはばかられ、友達に電話しようと検索していると、突然、

「バタン!!」

と、ドアの閉まる音がして、足音が聞こえたかと思うと、僕の部屋の前でピタリと止まりました。

「ドンドンドン!!」

「ドンドンドン!!」

今度は外から僕の部屋のドアを力まかせに叩きはじめたのです。

気が動転して、携帯を放り出してしまいました。

ドアを開けて怒鳴りたい気持ちと、もし凶器を持っていたらどうするという考えがせめぎあいましたが、我慢できず、ベッドの下にあった木刀を取り出すと、意を決してドアを開けました。

「なんだよ!」

大声を出しながら、一歩踏み出しましたが……誰もいません。

廊下には誰もいないのです。

するとー、

「コンコンコン……」

二〇三号室から再びノックの音です。

木刀を握りしめたまま、二〇三号室に向かうと、力いっぱいドアを開けました。

………？

誰もいません。

呆然としましたが、すぐに生魚の腐ったような異臭が鼻をつき、吐き気がこみあげてきました。

よく見ると、部屋のなかはゴミ袋の山で、足の踏み場もないほどになっています。あたりの壁一面には何語かわからない文字がびっしりと書かれていました。

そのとき、背後に気配を感じ、ふと振り返ると、そこにはまるでホームレスのようにドロドロの服を着た一九〇センチはありそうな長い髪の女が立っていたのです。見開いた目にはまったく表情がなく、暗い穴を見ているようでした。

「ウワァー！」

僕が大声をあげてへたりこむと、女はロボットのような動きで、顔色ひとつ変えず、僕に向かって突っこんできました。

………。

フッと気がつき、慌てて体を起こすと、僕は二〇三号室の前に倒れていました。

「ちょっと、困るよ。こんなところで寝たら」

アパートの大家さんが僕の肩を揺すっています。

あたりはもうすっかり朝になっていました。

僕は大家さんに二〇三号室の人のことを尋ねたのですが、大家さんは驚いたことに、

「何いってんだよ。二〇三号室は空き部屋だよ」

といいます。

大家さんはスペアキーを取り出すと、二〇三号室の鍵穴に差しこみました。

ということは……、二〇三号室には鍵がかかっていたということなのでしょうか。

見せてもらった二〇三号室はたしかに何ひとつ荷物もない、空き部屋でした。

「これで気がすんだ？　昨日、飲みすぎたんだろ。それよりねえ、きみ、すごく変な臭いがするよ。早く部屋に戻ってお風呂に入りなさい」

大家さんがそう言い残して立ち去ってからも、僕はその場を動けませんでした。

次の日、アパートを出ましたが、しばらくのあいだは洗っても洗っても、生魚を腐らせたような臭いが取れませんでした。

銭湯に蠢《うごめ》く不気味な白い影——田村正裕（三十二歳）

酒屋の角を左に曲がると、細く長い路地の先にいつも通《かよ》っている銭湯が見えてきます。

すっかり冷えこんだ夜気のなか、その白い明かりに誘われるように、僕の足は自然と速くなってきました。

夜の十時すぎ。僕が銭湯に行くのは、いつもこのくらいの時間でした。

まわりの家の窓はカーテンがぴっちりと閉められ、塀と塀のあいだには人影もありません。

そこを歩いていくと、暖簾《のれん》の下がった銭湯の入口と横のコインランドリーが面したT字路が近づいてきます。そこでようやくこの道は左右に広がるのですが、なぜかその手前のところで、思いがけなく左側の塀が途切れました。

そこにはポッカリとした広い空間と、半分削られた建物がありました。

「……ああ、とうとう壊されちゃったんだ」

そう思いながら、なんとなく寂しい気持ちになりました。

そこにはかなり古い木造のアパートが建っていたのです。もうずいぶん前から住人はいなかったようで、いつもどの部屋も真っ暗だったのでした。

低いフェンスの向こうには壊された木片の山があり、一台のショベルカーが腕を振り上げたまま、止まっています。

僕は、半壊したアパートに目をやりました。

それぞれの部屋のドアが一階と二階に等間隔に並んでいて、たくさんのコードが壁からはみ出してだらりと下がっています。突き出した梁が途中でポキリと折られているのも見えました。

僕は眉をひそめました。

それはまるで、無理やり食いちぎられた体の断面が無残に晒《さら》されているように見えたのです。

なんとなく居心地が悪くなって、僕はすぐにアパートから目をそらしました。

そして、明るい灯のともる銭湯に向かいました。

靴を下駄箱にしまい、『男湯』と書かれた引き戸を開けてなかに入りましたが、いつも番台に座っているおばさんの姿はなく、そこは空っぽでした。

以前にもそんなことがあったので、僕は気にもとめず、回数券を番台に置くと、脱衣所に向かいました。

その日はずいぶん空いているようで、脱衣所には誰もいません。ラッキーと思いながら、服を脱ぎ、タオルやシャンプーの入った風呂桶を持って風呂場に入っていきました。

僕はいつもの右の壁際に行くと、冷たい体にシャワーを浴びました。冷えきった肌にお湯の温かさがしみこんでいきます。

それから、ボコボコとジャグジーの泡立つ熱い浴槽のなかに体を沈めると、思わず「ううう……」と声が出てしまいました。

ゆっくり目を閉じると、「ポチャン……ポチャン……」と、天井から水滴の垂れる音が聞こえてきます。どこからか、がやがやと人の声も聞こえてきました。どうやら女湯のほうは込んでいるようです。

「……おい、向こうはどうだ？」

突然、低い男の声がしました。

僕は目を開けてまわりを見ましたが、誰もいません。

高い壁の向こうの女湯の上のほうは、いっせいにシャワーを出したかのように湯気でいっぱいになっています。にぎやかな声も相変わらず続いていました。

男湯のほうだけが空っぽなのと、さっきの低い声が気にはなりましたが、僕は空耳《そらみみ》だろうと思い直し、湯船からあがって、壁際のシャワーのところに戻ると、髪を洗いはじめました。

初めは空いていてラッキーだと思ったのですが、広い風呂場にたったひとりというのは、あまり気持ちのいいものではありません。早く誰か来ないかなと思いはじめていました。

シャンプーの泡が顔のほうに流れてきたので、下を向いて目をつむったときです。

「……なら、……けよ」

すぐ耳もとで囁くような声がしました。

泡で痛む目をわずかに開けながら、とっさに左右を見ましたが、人がいる気配はありませんでした。シャワーを出しっぱなしにしているせいか、あたりにはもうもうと湯気が立ち上がっています。

シャワーでシャンプーを洗い流し、もう一度あたりを見まわしました。いつのまにか、男湯のほうも霧のように湯気が充満していました。

目の前にある鏡も湯気で曇っています。手で拭きとると、一瞬、自分の顔が映るのですが、すぐにまた曇ってしまいました。

そのときに、かすかな違和感を覚えました。銭湯の鏡は湯気が立ちこめても、こんなに曇ることはないはずなのです。

僕は今度はシャワーの湯を鏡にかけてみました。

しかし、やはり曇ったままです。

曇った鏡にぼんやりと僕の顔が……いいえ、それは僕の顔ではありません。

湯気が顔の形になって鏡に貼りついているのです。

「ここ……は……、おれの……場所だ……」

湯気の顔は揺らめきながら、そういいました。

「う、わあああああああっ！」

僕は椅子ごと後ろにひっくり返り、無意識のうちに風呂桶をつかんでガラス戸に向かって走りました。

「ここは……わたしの……」

「おまえ、……あっちへ……行けよ」

すべての鏡に白い顔が浮かび上がり、口々に何かを主張しています。

等間隔に並んでいるその鏡を見たとき、僕はさっき見た半壊のアパートのドアを思い起こしました。

脱衣所には相変わらず人の姿はなく、夢中で服を着た僕は出口へと走りました。

一瞬、振り返って見た風呂場のガラス戸には見通せないほど湯気が満ち、それが手や足や顔になってガラス戸にへばりつき、グニグニと蠢《うごめ》いていました。

いま、僕は遠くの銭湯に通っています。

しばらくたって、おなじアパートの住人に聞いたところによると、あの銭湯は、なぜか突然、閉業してしまったということです。

呪われた同窓会——松村宏之（四十九歳）

数年前の暮れのことです。

同じ日に忘年会がふたつ重なり、一軒めの居酒屋を抜け出すことができたのは夜の八時ごろでした。

店の外に出てみると、ほろ酔い加減に夜風が心地いいので、タクシーには乗らず、次の会場まで歩いていくことにしました。

人通りの多い明るい道を少し歩いて、ニュータウンに別れを告げ、田舎道を十分も歩けば、目的地に到着するはずでした。忘年会会場については「とてもわかりやすい場所にある」と聞いていたし、そのころ使っていた携帯にGPSもセットしてあります。

月明かりの下、田畑の広がる田舎道を携帯の地図を頼りに歩いているうちに、変だな、と思いはじめました。地図上では、目的地と百メートルも離れていないのに、どうしてもたどり着けないのです。

立ち止まって携帯を操作しながら、ふと気がつくと、月が雲に隠れたらしく、あたりは真っ暗になっていました。

外灯のない田舎道のことですから、月明かりがなければ歩くこともできません。しかたなく携帯の光をライトがわりにして歩きはじめました。

ところが、数歩も行かないうちに足を滑らせて転んでしまいました。さっきまで舗装道路を歩いていたのに、いつのまにか畦道《あぜ》に入っていたのです。

すっかり気持ちがくじけてしまって、忘年会に出ている仲間に電話をかけました。

「あ、オレ。近くまできているはずなんだけど、よくわからなくて。ちょっと迎えに来てくれないか」

「ザ、ザザ……おまえ、遅いぞ……どこに……目印……」

電波事情が悪いのか、よく聞き取れません。

「えっ？　何？　目印といわれても、真っ暗で……あ、明かりが見える……小学校かな」

僕は小学校らしい建物を目指して歩きました。やがて校舎に近づくと、いくらか明るくなり、僕は校門の前で仲間の迎えを待つことにしました。

と、そのとき、

「ギィ……ガラガラ……キィ……」

背後から鉄の軋《きし》む音が聞こえ、驚いて振り向くと、誰かが校門の扉を開けています。その人は、僕に向かって手招きをしました。顔はよく見えませんが、手招きするので、忘年会仲間だと思って、あとについていきました。

「なんだ、ビックリしたよ」

考えたら、すぐ近くまできているのだから、驚くこともなかったんだと、もう一度、GPSを覗きこんで、

「えっ？　そんなばかな！」

と、思わず声をあげてしまいました。

すでに目的地に着いていることを示していたのです。

「こんなところ、何もないじゃないか。いったいどこまで行くんだ？」

不審に思って、前を行く男に聞くと、

「ここで、いいんだよ……」

そう答えながら振り向いた男を見て、僕は凍りつきました。

顔がなかったのです。

「ずいぶん、待ったよ。さあ、行こう」

今度は背中のほうから声がして、振り向くと、そこにも白いだけの顔のない男が！

顔のない男はひとり、またひとりと増え、僕をぐるりと取り囲んだ瞬間、いっせいに襲いかかってきました。

助けを呼ぼうにも、恐ろしくて歯の根が合いません。

「ワー！　ワー！」

やっとのことで叫び声をあげたとき、突然、強烈な光に照らされました。

熱い！　全身が焼かれるように熱く感じました。

………。

「なにやってんだよ、もう！　小学校で待ってろっていっただろ！」

強烈な光は車のヘッドライトでした。下戸の友人が車で迎えに来てくれたのです。

「それにしても、おまえ……なんで、墓場になんかいたんだ？」

そういわれて、あたりを見まわすと、僕は道のすぐそばの墓場で墓石にもたれかかって座りこんでいました。

さっきの顔のない連中は、僕が酔っぱらって見た幻覚だったのでしょうか。

急いで車に乗りこみながら、ふと墓場のほうを振り返ると、いくつもの光が明滅しながら、蛍のように飛んでいます。

「冬に……蛍？　まさか、雪……？」

僕がそういいかけると、

「何が、まさかだって？」

と、振り向いた運転席の男の顔も、やはり真っ白い「のっぺらぼう」だったのです。

その後、どうなったのかわかりません。気がついたとき、僕は自分の部屋で倒れていました。

仲のよかった友達が死んだと知らされたのは、そんな不思議な出来事があった翌日のことでした。

あのトイレにひとりで入ったの？——野上ゆか（三十五歳）

あれは十数年前の夏の終わりごろのことでした。

もともとアニメや漫画が大好きで、メイドに憧れていた私は、ずっと夢だったメイドカフェで働くために、都内のいくつものお店の面接を受けました。

しかし、実家が都内から離れているため、遠いからという理由でなかなか採用されません。いくつも面接を受けつづけ、半ばあきらめかけていたころ、採用してくれるお店がありました。

あきらめずに探しつづけてよかった、これで夢がかなうと、私はこのとき喜びでいっぱいでした。

これが恐怖の始まりであることも知らずに……。

出勤初日、ビルの裏にある関係者出入り口からなかに入ったとたん、私はいいようのない息苦しさを感じました。でもそのときは、緊張しているからだと思いました。

狭いエレベーターを使って更衣室兼休憩室に行くと、窓ひとつないその部屋には重たい空気が立ちこめています。

その場で、オープン当初から働いているという先輩メイドさんから仕事の流れなどを教わっていると、その先輩がふとこういいました。

「ここ、出るんだよ。おじいさんがいるの、ずっと……」

しかし、私はたいして気にしませんでした。どこにでもありがちな噂話と聞き流したのです。

それにしても、そのビルの造りは奇妙でした。従業員用のトイレが、エレベーターの隣、休憩室の外にポツンとあったのです。電気がついているにもかかわらず、薄暗くて、寒々としていました。

狭く古い空間にトイレはたったひとつで、あまり使いたくはないのですが、ほかにトイレはないので、私はしぶしぶながらそこに行きました。

そしてトイレからちょうど出ようとした瞬間、天井のほうから女性のすすり泣くような声が聞こえてきたのです。狭い室内にその声は不気味に響きました。

同時に、ぼんやりとした電灯がパチパチと音を立て、ついたり消えたりしはじめました。

怖くなって急いで休憩室に戻ると、何人かのメイドさんがいて、

「あのトイレにひとりで入ったの？　何もなかった？」

と、私に聞きます。

「ひとりで入ったの、あなたが初めてかも。あそこ、出るって有名なんだよ。白い着物を着た髪の長い女の人。だから、誰かといっしょに行ったほうがいいよ」

そんなことをいう人もありました。

そうして初日が終わりました。気味の悪い雰囲気もないわけではありませんでしたが、そんなに不安に思うこともなく、私はそのメイドカフェに通いつづけました。

そして、とうとうあの日がやってきたのです。

電車のトラブルで遅刻寸前にメイドカフェに駆けこんだ私は、休憩室に行き、ひとりでメイド服に着替えはじめました。

いつもは誰かがいて、エプロンの紐を結んでもらったり、ねじれていないかチェックしあったりするのですが、ひとりきりなので、しかたなく、鏡に後ろ姿を映してきれいなり

ボン状になっているかどうか確かめることにしました。

鏡を背にして立つと、体をひねって、右肩越しに後ろ姿を見ようとしました。そのとき、私の目に信じられないものが飛びこんできたのです。鏡のなかにスーツ姿の男性が映っているのでした。

「えっ？　何？」

誰かが知らないあいだに部屋に入ってきたのかと思って、正面を向いたのですが、誰もいません。

「なんで？」

わけがわからず、つぶやいたとたん、左肩を「ポン」と叩かれ、驚いて振り返ると、再び鏡のなかに男性の姿が浮かんでいます。

私は慌てて休憩室を飛び出し、店につながる階段を駆け降りました。

誰かに相談しようと思ったのですが、口にするのも恐ろしくて、とにかく早く仕事を終えて帰りたいという考えしかありませんでした。

翌日、憂鬱な気持ちで店に向かいました。出勤するかどうか迷ったのですが、せっかく採用されて憧れのメイドになれたのに、辞めてしまうのはもったいなく、頑張るしかないと思ったのです。

そして、休憩室のドアを開けたとたん、ひんやりとした空気がスーッと流れてきて、部屋のなかの椅子に座っている男性の後ろ姿が目に飛びこんできました。しかし、それも一瞬のことで、その姿はあっという間に消えてしまったのです。

このころから、私は体調を崩しはじめました。風邪などめったにひいたことがないのに、いつも熱っぽく、喉が赤く腫《は》れて痛みます。病院に行って薬をもらっても、その症状はどんどん悪化していくばかりでした。

私のようすを見かねたのか、店長に呼ばれ、「どうもやる気がないみたいだから、辞めてもらってもいいんだよ」といわれました。そういわれると、またしてもどうしても続けたくなり、「やる気はあります」と、それまで以上に頑張るようになりました。

ようやく見つけた仕事なのだからと、必死の思いでした。

そんなある日のこと、休憩室のさらに奥にあるイベント用の衣裳が置いてある部屋で、衣裳の整理をするようにいわれ、その部屋に入っていったのですが、そのとたん、めまいと吐き気を感じました。

その場に座りこんで、しばらく息を整えたあと、顔をあげると、そこには何人もの見知らぬ人が座っていたのです。いいえ、人ではありません。何か、得体の知れないものとしかいえませんが、邪気をもった何かがたしかにいました。

とてつもない圧迫感がありました。

その日は我慢できず、仕事をほかのメイドさんに替わってもらって早退しましたが、その後も体調がよくなることはなく、仕事に出ようとすると、めまいがしました。

数日後、私はメイドカフェを辞め、ほかの仕事につきました。

すると、体はウソのように元どおりになり、元気を取り戻したのです。

あのメイドカフェの「住人」にとって、私は招かれざる客だったのでしょうか。

それ以来、あのメイドカフェには行っていません。これからも行くつもりはありません。

渓流の闇に浮かぶ男の顔と老婆——田辺陽子（五十九歳）

最近は悪質な霊感商法といったものが増え、「霊感」という言葉に対して、否定的な見方をすることが多いように思います。

しかし、私は自分の体験から「霊感などない」とはいいきれないのです。

私は昔から、人には見えないものが見えたり、人には聞こえないはずの声が聞こえたりすることがたびたびありました。

初めて、そんな経験をしたのは、十六歳のときのことでした。

祖母が亡くなり、通夜の席に座っていたとき、それは始まりました。やさしく大好きだった祖母を亡くした悲しみに、涙を流していた私がふと顔を上げ、祖母の棺に目をやると、ちょうど祖母の頭のある部分から、スーッと上半身が浮き出ているではありませんか。

あまりの驚きに、

「あーっ！　おばあちゃん！」

と、声をあげましたが、その姿は一瞬にして消えてしまい、まわりの人たちは、もちろん私の話など信じてくれませんでしたし、父には叱られたことを覚えています。

しかし、それ以来、いろいろなことが起こるようになりました。

ある日、父方のお墓参りに行ったときには、掃除をし、お供えをし終わったときに「もうすぐ雨が降るよ。早くお帰り」という声が耳もとで聞こえました。それはまぎれもなく、祖母の声でした。

いっしょに行った家族に、声の話をすると、このときも父は叱りました。でも弟が「ねえちゃんのいうことは本当だと思うよ」といってくれ、その言葉に促されるように、帰り支度を始めると、車に乗って霊園を出たとたんに、フロントガラスにポツポツと雨が当たりはじめました。

また、私の次男の同級生だった女の子が脳腫瘍で亡くなり、お線香をあげにいったときには、「私のママと、これからも仲良くしてね」という女の子の声をたしかに聞きました。

そして、閉めきった部屋のなかで風もないのに、私が持っていった花が仏壇の横でユラユラと揺れたのです。

そんなふうに、さまざまな不思議な体験をしてきた私ですが、三年ほど前には一生忘れられないような恐ろしい出来事がありました。

私の弟と私の長男は渓流釣りが好きで、よく栃木県や山梨県方面に出かけます。ヤマメやイワナなどを釣るのですが、一度その醍醐味を味わうと、ついつい行きたくなってしまうものらしいのです。

私は釣りというよりは、田舎の空気を吸ったり、都会の喧騒から離れ、のどかな風景を見ることが楽しみで、ときどき連れて行ってもらって、少しだけ釣りにもチャレンジします。

あの日は、私と長男のふたりで栃木県に出かけました。

午後九時ごろ出発し、深夜の高速を三〜四時間走って、釣り場についたのは午前一時ごろです。

あたりには外灯もありませんし、懐中電灯を使わないと、足もとすら見えません。

弟も含めて三人で行くときには、私は車のなかで仮眠をとるのですが、その日は息子とふたりだけだったので、私もいっしょに車を降り、釣り場に向かいました。

あたりは漆黒の闇で、ときおり、木々の葉が風に煽《あお》られ、こすれ合わされるような音が聞こえました。昼間に聞く音の何倍にも感じられるのが不思議でした。

いつもは釣り糸を垂れると、何匹かは釣れる穴場なのですが、その日は一時間経っても、何の手応えもありません。

さすがに息子もため息をつきながら、釣り竿を置き、何気なく、懐中電灯を山の木のほうに向けました。

そのとたん、息子の顔が強張《こわば》るように歪みました。

「何？」

急に手首をつかまれ、息子に促されて、私も懐中電灯の先に目を向けました。

すると、そこにはぼんやりと男の顔が浮かび上がっていたのです。木の上に、顔だけがポッカリと……。

私たちは声も出せないまま、逃げ出そうとしました。

ところが、ふたりとも足が動きません。まるで、何かが足首をがっちりと押さえてでもいるかのように、一歩も前に進めないのです。

どのくらいのあいだそんな状態だったのかわかりませんが、私はとっさに心のなかで般若心経を唱えました。

すると、フッと足が動き、ふたりはあとも見ず、車に逃げこみました。

そして、ドアにロックをかけ、急いで車を走らせはじめたのですが、十分ほどすぎたとき、車のヘッドライトが人らしいシルエットをとらえました。

「えっ？」

私たちはふたり同時に声をあげました。

こんな夜中に、こんな山道を歩いている人がいるはずありません。

恐怖で凍りつくような思いでしたが、そこに車を止めることもできず、そのまま、どんどん人影に近づいていきます。

それは、老婆のようでした。長くてボサボサの白髪頭の老婆が素足でペタペタと歩いています。着物の肌着のようなものをまとっているのですが、それが歩くたびに動きに合わせ、ユラユラと揺れていました。

「お母さん……！　やばいよ。またかよ……！」

ハンドルを握りしめたまま、息子が絞り出すようにいいました。

私はいつも持ち歩いている数珠を硬く握り、「早く行こう」と励ますようにいいました。

そして、老婆の横を通りすぎようとしたときです。

老婆が振り向きました。

絶対に見たくないと思っていたのに、私たちの視線は操られるように、老婆のほうを向いてしまいました。

そこには顔がありました。目も鼻もなく、ただ耳まで裂けているような大きな口を開け、「ニターッ」と笑っている老婆の顔が……。

「ワーッ!」

息子は大声をあげ、私はなす術もありませんでした。

車はスピードを上げて老婆の横をすり抜け、とにかく無我夢中で家にたどり着きました。

それから、しばらくは釣りに行くこともできませんでしたが、そんな怖い思いをしても釣りをやめられない私たちは、出かけるときには粗塩、般若心経の経本、そして、お線香まで持っていくようになりました。

あれ以来、何事もなくすごしていますが、思い出すと、いまだに鳥肌が立ちます。

あの木の上の男の顔と老婆は、いったい何だったのでしょうか。

人間でないことだけは確かです。

第三章　摩訶不思議な体験談

「コワイ話、どうですか？」

——近藤 裕(二十六歳)

僕が霊を見る体質になったのは、十年前のあることがきっかけでした。

十六歳の誕生日を迎えた冬、近所の公園のそばを歩いていると、「ゴオォォォォーッ」と生暖かい風がすごい勢いで吹いてきて、僕は思わず顔を背けました。

すると、そこには見たこともない全身黒ずくめの女が立っていたのです。長い黒髪を包むようにつばの広い帽子を被り、自転車を引きながら、ブツブツと何かつぶやいています。

「……どうですか……」

少し離れていたので、よく聞き取れませんが、そんなことをいっているようでした。

気になり、一歩一歩近づいていくと、

「コワイ話、どうですか？」

という言葉が聞き取れました。

そのころの僕は家族と話をすることもなく、学校から帰ると自分の部屋に閉じこもり、したがって、友達などひとりもいない毎日を送っていました。誰も信じられないし、心も開けない人間でした。

その女の言葉にも、わけもなく腹が立ち、

「コワイ話、しろよ！　怖くなかったら、ただじゃすまさないぞ」

と吐き捨てるようにいいました。

すると、女は黒いカバンのなかから、表も裏も真っ赤な分厚い本を取り出し、僕に差し出しました。

本には、びっしりと縦書きに箇条書きにされた言葉が並んでいます。

「なんだ？　これ」

「エランデクダサイ」

女の突然の言葉に、反射的に本の上の一行を指さすと、女は、「アリガトウゴザイマス」

といって、本をカバンに戻し、自転車に乗って行ってしまいました。

何が起こったのか、わかりません。

ただ、黒ずくめの女が帰り際に見せた笑みが、いつまでも心から離れませんでした。

それから、一週間、僕は眠れない夜を重ねていました。

あの女と遭遇した夜、十一時半ごろ、

「キーッ、キーッ、キーッ」

耳障りな金属音がしたかと思うと、

「どこにいるの？　出てきなさい！」

という女性の声が夜の静けさを破ったのです。

それは、毎晩、二十三時二十七分になると決まったように聞こえてくるようになり、それが一週間も続き、イライラして眠れなくなってしまったのです。

しかし、ちょうど一週間めに「うるさいぞ！」と窓を開けて怒鳴りつけたところ、翌日からは女の叫び声は聞こえなくなりました。

ただ、不思議なことに、怒鳴ってやろうと窓を開けたとき、声が聞こえてきた家の前の道路には女の姿どころか、人っ子ひとり見当たらなかったのでした。

それから数週間経ったある日、忘れかけていた記憶を呼び覚まされる出来事がありました。

学校からの帰り、見たいテレビの時間に間に合うようにと、僕は近道をすることにしました。

それは、地元の人は絶対に通らない「封印された怨念橋」を渡る道です。事故、自殺、殺人が多発する場所で、使われることもなくなり、近々取り壊されることになっている橋ですが、僕はときどき近道として使っていました。

冬の夕暮れは暮れるのが早く、橋を通るときにはすでに闇が迫ってきていました。

ぼんやりと橋が見えたとき、僕はそこに「誰か」が立っていることに気づきました。

黒いワンピースを着たおかっぱ頭の女の子です。暗い橋の上にポツンと立っていました。

女の子は自転車で近づく僕をジーッと、何か珍しいものでも見るかのように凝視しています。

その視線にゾッとするものを感じた僕が、目をそらして通りすぎようとしたときです。

「みぃーつけたっ！」

女の子がそう叫びました。

驚いて、反射的に顔を向けたのですが……女の子は忽然と消えていました。

あの公園で黒ずくめの女に会ったときとおなじような、いやな感覚が僕を包みました。

そして、家の前まで全速力で走って帰り、自転車を降りたとたん、背後から、

「キーッ、キーッ、キーッ」

と、聞き覚えのある金属音が近づいてきました。

記憶が甦るとともに、怒りがこみあげてきて、

「いいかげんにしろよ！」

と怒鳴りながら振り返りました。

……誰もいません。

怒りで熱くなっていた体が急速に冷たくなり、全身の震えが止まらなくなりました。こんな経験は一度もしたことがありません。まるで、恐怖というウイルスが体のなかを侵食しているようでした。

家のなかに転がりこむように入り、鍵をかけました。家のなかはいつものように真っ暗で、誰もいません。ひとりが好きだった僕ですが、ひとりの空間をあれほど苦痛だと思ったことはありません。

寂しさと恐怖から逃れるように布団を被り、じっとしていました。

「ピンポーン」

チャイムの音に我に返り、起き上がりました。

〈母さん……?〉

恐る恐る玄関のドアに近づき、覗き穴から外を見ましたが、誰もいません。確認するため、ドアのロックを外そうとすると、「ガチャ!」と音がして、ロックしていたはずのドアが開きはじめました。

〈違う! 母さんじゃない……!〉

僕はドアを閉めようとしましたが、とてつもない力で引っぱられ、ドアはどんどん開かれていきます。

それ以上我慢できなくなった僕は、危険を承知で二階に駆け上がり、窓から逃げようと、勢いよくカーテンを開きました。

「えっ?」

いったい何が起こったのか、わかりませんでした。たったいまの恐怖との闘いがウソのような青空が広がり、暖かい太陽の光がさんさんと部屋を照らしていたのです。

〈夢だったのか……?〉

それからというもの、いつもとおなじように学校に行く、いつもと変わらない日常が展開していきましたが、違ったことがひとつだけありました。

学校へ行くことがいやではなく、それどころか、居心地のいい場所と感じるようになったのです。小学生のときも中学生のときも友達ができず、放課後には、すぐに家に帰ってひとりで遊んでいた僕が、学校に安心感を持つようになっていたのです。

授業が終わっても、すぐには帰る気になれません。唯一の居場所だった家で恐ろしい体験をしてからは、どうしても帰る気になれなかったのです。

そんな僕の変化に気がついた同級生が、話しかけてきてくれました。

僕は、話すかどうか迷いましたが、「困っているときに相談できる人がいるかいないかで、その人の人生が決まる」と誰かがいっていたことを思い出し、思いきって、アツシとサトシにそれまでの体験を話しました。

笑われるかもしれない、バカにされるかもしれない、と思っていたのですが、意外にもふたりは、アツシの家に泊まりにくるよう誘ってくれたのです。

「オレも行くから、いっしょに泊まればいいじゃないか」

サトシの言葉に思わず涙が出そうになりました。

と同時に、それまで、友達を蔑《さげす》み、心を開かなかった自分を恥ずかしく思いました。

アツシの家に行く前に、母にそのことを伝えなければならず、いやでしたが、いったん家に戻ることにしました。母と口をきくのも、久しぶりです。

しかし、母は夜勤の仕事に出てしまったあとで、すでに家にはいませんでした。しかたなく、置き手紙をして支度をしていると、

「おーい、まだか」

と、ふたりの声がしました。

カーテンを開けて応えようとして、ふとあることに気づいたのです。

〈なんで、僕の家を知ってるんだ?〉

親しい友達のいなかった僕の家を訪ねてきた者は、これまでに誰もいません。

ふたりは学校で待っているはずでした。

直感的に何か言葉にできないいやな感じを覚えながら、恐る恐るカーテンを開けると、

「ゴオォォォォーッ」

と、あのとき、公園の近くで吹いたような生暖かい風が僕を襲ったかと思うと、目の前が真っ暗になりました。

いったいどうなってしまったのか。目は開かないし、体を動かすこともできません。何かに乗せられて、運ばれているようです。

「ゴトッ……ギィー……」

どうやら車いすのようです。逃れようと力を入れるのですが、そうすればそうするほど、力は吸い取られるように抜けていきました。

意識が朦朧《もうろう》とするなかで、あいつたちの声を耳にしました。黒ずくめの女と、橋のところに立っていた女の子の声です。

「コイツニスル」

「ワカリマシタ」

割れそうな耳鳴りが襲ってきて、もうダメだと思ったとき、暗闇に支配されていた空間に一筋の光が差しこみ、誰かの呼ぶ声が聞こえてきました。

「ひろーっ、どこだぁ。ひろーっ！」

アツシとサトシの声でした。

ふたりの声が聞こえたとたん、急に体が軽くなり、崩れ落ちるように倒れ、記憶はそこでぷっつりと消えてしまいました。

気がついたとき、僕は病室のベッドの上にいました。

あのふたりは何者だったのでしょうか。

そして僕をどこに連れて行こうとしていたのでしょうか。

わかっているのは、一カ月前、黒ずくめの女が差し出したあの真っ赤な本に載っていた言葉を選んでしまったときから始まったということだけです。

僕が選んだのは、

「真夜中のサガシモノ」

という言葉でした。

「花いちもんめ」への哀しい怨《うら》み――筋野徹子（五十四歳）

これは私が小学校二年生のころ、北海道にいたときの話です。

私は彫りが深くて毛深く、まつげも長い、特徴のある顔をしていました。学校でいじめにあっていたのは、その顔のせいだけではなく、家が貧しかったこと、先祖代々、脳溢血を起こしたり、頭の怪我がもとで亡くなった人が多い家系だということもあったのかもしれません。

田舎なので学校までは数キロの距離がありましたが、誰もいない山道は涙を流すにも、叫ぶにも好都合で、私はよく大声で泣きながら家に帰っていました。

その日も「チクショー!」などと、叫びながら歩いていました。

すると、クマザサの繁る国有林の奥から、女の人の唸っているのか、歌っているのか、わからないような奇妙な声が聞こえてきました。なんといっているのか、日本語なのかどうかさえわからない奇妙な声です。

聞いたこともない、「パロッテロッ……」といった感じの言葉が聞こえてきます。

怖さはありませんでした。

小さな村なので、きっと知り合いの人がいるのだろうと、勝手に思いこんだのです。

ですから、

「こんにちはー。うち、サド(旧姓)二番めさぁー。何してるー?」

すると、クマザサのなかから、当時の私の身長と変わらない一三〇センチくらいの小さいおばあさんが出てきました。髪は真っ白で、地面につくほど長く伸びています。見たことのないおばあさんです。

老婆は私をじろっと見て、

「なして、ここさ、通るば、泣くね？」

と、ムスッといいました。

私は泣いていることも知られたくありませんでしたし、いじめられていることも話したくなかったので、ことさら明るい顔をして、

「もう陽《ひ》、落ちるさ。行こや」

といいましたが、老婆は手につる状の植物を持ったまま、黙ってクマザサのなかに入ってしまいました。

家に帰って、老婆の話をしましたが、「そんな老人はこの辺にはいない」と、とりあってくれませんでした。

私は家族ともあまりしっくりいっていませんでした。というのも、私は叔父夫婦の養女になっていたからです。私の本当の父は養父の兄なのですが、私が小さいころ亡くなり、そのあと母もすぐに家を出てしまったので、残された私は叔父夫婦に面倒を見てもらっていたのです。

そんなわけで、家でも孤立しがちでしたが、唯一、祖母だけはとてもかわいがってくれました。

そして、祖母は私の話を聞いて、クマザサのなかから聞こえてきた唸り声は「アイヌ民族のユーカラみたいだ」と、教えてくれました。

そのころ、子供たちは、川原にある三角岩のそばで、よく遊んでいました。

女の子たちは集まるとよく、「花いちもんめ」をしました。

でも、私がその遊びの輪に入れてもらえることはめったにありませんでした。

その日も「花いちもんめ」に入れてもらえなかったので、男子に混じって、石投げをして遊んでいたのですが、ランドセルに石をぶつけられたりして、私はとうとう泣いて帰ってしまいました。

そして、クマザサの林の横を通りかかると、再び老婆が現われて、手招きします。前のような無愛想な顔ではなく、にっこり笑っています。

私はそのとき観念して、いじめられていることを話し、みんなといっしょに「花いちもんめ」をしたいと本音を打ち明けました。

しかし、老婆は、

「んで、いいべさ」

といいます。

「なしてさ。うち、友達ほしいべさ」

「あの、あの歌はよくね。嫌いさ」

「何? 花いちもんめ?」

「んだ」

老婆の話によると、「花」というのは「女の人」のことで、「いちもんめ」は「お金」なのだそうです。女の人が売られていく歌だから、よくないと、老婆はいいました。

そんな話を聞きながら、私はそのおばあさんが慰めてくれているのだと思い、少しうれしくなって、その日は帰りました。

それからしばらくして、私をいじめていた人たちが、学校を休むようになりました。

先生は「みんながよく遊ぶ川原で、エキノコックスというキツネから感染する病気が出たので」と説明していましたが、私はクマザサのところのおばあさんからは別の話を聞きました。

「あの三角岩のところで、若い女が和人に売られていった。あそこはよくねえんだ。あそこに行って、花いちもんめしたら、たいへんなことになるぞ」

どちらにしても、いじめの中心人物だった人たちが休むようになり、私はやさしい子たちと遊ぶようになりました。そして、あるとき、老婆の話もすっかり忘れて、つい三角岩のところで「花いちもんめ」をしてしまいました。

すると、次の日、頭が重く、吐き気がするのです。

けれども、家にいても手伝いをさせられるだけなので、無理やり登校しました。学校に向かう途中、クマザサのところまで来ると、いつも朝はいないおばあさんが立っています。

「あほんだらぁ。おめえ、あっこで、遊んだべ」

「遊んだ。頭さ、割れるほどいてえ」

おばあさんは私に、前に摘んでいたつる状の植物とクワやサルマタタビの実を籠いっぱいと酒の入った瓶を持たせると、

「これを岩の前さ、置いてこい。して、あやむって（あやまって）こい」

というので、私は重い籠をしかたなく運び、岩の前に置くと、

「すいません」

と頭を下げました。

その後、学校につくころには、頭痛はすっかり治まり、いつものように元気になっていました。

しかし、何時間もしないうちに、用務員のおじさんが教室に現われ、

「お父さんがたいへんぞ。はよ、行かんか」

といいます。

父は牛の餌を貯蔵しておくサイロで転び、頭に怪我をしてしまったのでした。病院に行くと、まだ手術中で、祖母と母、そして姉が不安そうなようすで立っていました。

取りあえず処置は終わり、しばらく入院することになりましたので、私は一足先に自宅に帰ることになりましたが、クマザサのおばあさんに朝のお礼をいってから帰ろうと、あの林に行ってみたのです。すると、おばあさんは私の顔を見るなり、

「倒れたな、おとっさん。頭、切ったべ」

といいます。

驚いている私にはいっさいかまわず、おばあさんは続けて不思議なことをいいはじめました。

私の家に龍の絵が描かれた掛け軸があり、龍の頭の部分が傷ついているから、それを直せば、お父さんの命は助かる、というのです。

その夜、私がおばあさんから聞いたことを祖母に話すと、祖母はしばらく真剣な顔で考えこみ、それから押し入れのなかにあった掛け軸を出してきました。龍の絵の掛け軸です。

たしかに頭のところに傷がついていました。半信半疑ながら、その掛け軸を直しに出した

ところ、父の傷はみるみるよくなっていったのです。

その後、祖母は私だけを仏間に呼んで、家系図を広げると、ひとりの名前を指さしました。

「この人かもしれん」

「えっ？　死んでるんでしょ？」

「もう亡くなったが、この人はアイヌさ。養女で売られていったが、戻ってきてさ……」

その人は亡くなったあと、墓には入れられず、裏のサクランボの木のあたりに埋葬されたといいます。

「掛け軸を売るか、養女を売るかで、この人は売られたんさ。ばあさんがいっとったけど、掛け軸を傷つけたのは、この人って」

私は話を聞きながら、なぜか涙が止まらなくなりました。売られていく人と自分の境遇が重なっているような気がしたのです。

「したけど、なんで、この掛け軸がそこまで大事なんさ」

「それはな、うちらが龍に守られとるって信じていたからだな。おまえも知っとると思うけど、うちには必ずヘビ年に子が産まれるんよ。関係があるんかないんかはわからんけどな」

それから老婆の姿はぱったり見なくなりましたが、何年かが経ち、高校生になったころ、ふと思い出して、クマザサの林に行ってみたのです。

小道から少し入ると、ポッカリと防空壕のような穴が見えました。やはり老婆の姿はありませんでしたが、木の枝に白い紐が一本ぶら下がっています。

〈やっぱり、いないよな……〉

そう思って引き返そうとしたとき、クマザサがザワッと動きました。

見ると、一〇メートルほど先に子熊がいます。私は慌てました。熊は親子でいるので、危険なのです。

子熊のほうも私に気がついたようで動きを止めました。

私はとっさに木にぶら下がっている紐を子熊のほうに向かって投げたのですが、そのとたん、紐はヘビのようにシュルシュルと動き、驚いた子熊はクマザサの奥の林に逃げこんでいきました。

アイヌ人は亡くなると、熊の形の神様になるという神話があります。

老婆は熊になったのでしょうか。

いまとなってはすべてが謎ですが、もし、あの老婆が売られたアイヌなら、私に龍の掛け軸のことを教えてくれたのは、長い年月をかけて、憎しみが昇華されたからかもしれません。

闇の奥から現われる白い指——渡部佳子(三十八歳)

たった一度だけ、真っ暗闇に浮かぶ白い指を見たことがあります。

いまから二十三年前、当時中学生だった私は、翌日のテストのため深夜まで勉強していました。

午前二時をまわったころでしょうか。そろそろ寝ようと思い、ベッドに横になりましたが、その日は真夏にもかかわらず、体がやけにひんやりして、なかなか寝つくことができません。

一気に詰めこんだ知識が頭のなかで消化不良を起こしている、と思いました。

そのときです。

全身に蕁麻疹《じんましん》が広がっていくときのような「ゾワゾワ」した感触が這い、体の奥が何かに拒絶反応を起こしているような気がしました。と、突然、ベッドがぐにゃりと左右に二、三度揺れました。そして次には、冷たい煙のようなものがするすると現われて、ベッドを囲みはじめ、しだいに私を包みはじめたのです。

いままでに体験したことのない不気味な現象に、大きな恐怖が走り、どこかに自分が吸いこまれていってしまうような不安を感じて、急いで目をギュッとつぶりました。

どのくらいそうしていたのかわかりません。

そーっと目を開くと、暗闇の奥からフワフワと青白い幻火が迫ってくるのが見えました。

〈こっちへ、来る……来る……〉

近づいた瞬間、それが透き通る白い指だとはっきりわかりました。

ゆっくりと、私の首をめがけて確実にやって来るのです。

……気がつくと、朝になっていました。

きっと、あのまま、気を失ってしまったのでしょう。

あれは、幻、幻覚だったのだと思いたい……。

でも、もし何かの祟《たた》りだったらどうしよう……。

それとも、悪い予兆だろうか……。

一日じゅう不吉な思いを巡らせていましたが、学校の帰り、入院中の母のもとに行きました。

そして、誰にも話さずにいた昨夜の不思議な出来事を話すと、

「奇遇ねえ。夕べの二時ごろ、あなたの肩をポンと叩く夢を見て、ふと目を覚ましたのよ」

母の言葉に、直感でわかりました。

生きている人間の思いが霊のようになって現われるのを生霊《いきりょう》というそうです。三カ月も入院して、やつれてしまった母が、試験勉強をしている私を気づかって、心配のあまり、出てきてくれたのでしょう。

怪奇に感じた白い指は、実は我が子を案ずる暖かい母の姿であったと、いまでは心から信じて、ありがたく思っています。

霧の夜の冥界案内人──安川留美(二十七歳)

私の祖母は山口県の山陰地方にある小さな町に住んでいます。

その町から車で四十五分ほど行ったところに温泉街があり、祖母は十年以上、そこにある旅館のひとつで仲居さんとして働いていました。

ある日、いつものように仕事を終え、旅館の外に出てみると、あたりには霧が立ちこめていたといいます。

旅館から祖母の家までは山道でカーブも多いので、気をつけて走らなければなりません。そのうえ濃い霧でしたから、祖母は少し迷ったのですが、通い慣れた道なので大丈夫だろうと、車に乗りこみました。

予想に反して霧はどんどん濃くなっていき、視界はほとんどきかなくなってきました。そして、気がついたときには、道を間違っていたそうです。

十年以上も通っている道で、しかも、そんなにたくさんの道があるわけではありませんから、少し遠回りになっても元に戻れるだろうと考え、そんなに心配しないで運転を続けたといいます。

ところが、見覚えのあるところにはなかなか出られず、自分がいったいどのあたりを走っているのか、見当もつかなくなってきました。

少し心細くなってきたとき、目の前に急にテールランプが見えてきました。一台の大型トラックが前を走っています。ようやく見えるナンバーは他県のものでしたが、トラックならメインの道路に出るだろうと、祖母はそのままトラックについていくことにしました。

かなり長い時間走りました。

しかし、一向に大きな道に出るようすはありません。

それどころか、道幅はどんどん狭くなり、そのうえ、砂利道になってきました。鬱蒼《うつそう》と繁った木や雑草が車のボディをこする音がします。

そのとき、祖母はふと気づきました。

自分の普通乗用車に木や雑草が触れるような細い道を、前の大きなトラックはどうして走れるのだろうか……と。

不安がお腹の底から湧きあがってきました。

けれども、頼りになるのはトラックのテールランプだけでしたから、祖母はハンドルにしがみつくように走りつづけました。

そして、目を凝らしてテールランプを見ていたのですが、その灯が突然、フッと消えてしまったといいます。

ライトに照らされて見えるのは、白い霧と目の前にある雑草、そして、細い砂利道だけでした。

気味が悪くなった祖母は、とにかく引き返すためにバックをしようとしました。

ハンドルに右手をかけ、上半身を左後ろにグルッとまわし、後方を確認したとき、背筋に冷たいものが走りました。

霧のなかに黒っぽい人影のようなものが見えたのです。

一瞬、ためらいましたが、祖母はゆっくりと車をバックさせはじめました。

ところが、車が動きません。

エンジンはきちんと動いているし、アクセルを踏むと、エンジン音も高くなるのですが、何かに引っかかっているか、押さえつけられてでもいるかのように、まったく動いてくれないのです。

しかたなく、祖母は車を降りて調べることにしました。

こわごわとドアを開け、そっと足を下ろし、車の前にまわってみました。

すると、目の前には何年も手入れされていないような無数の小さな墓が並んでいたのでした。

そこから家までどうやって帰ったのか、祖母は覚えていないそうです。

そして、次の日には旅館の人に相談し、仲居の仕事はその日で辞めました。

いまは、夜遅く車を運転しなくてすむように、おなじ旅館で昼食をとる団体や結婚式があるときだけ、パートとして働いています。

それでも、あれ以来、祖母のまわりでは奇妙なことが起こりつづけているようです。

いまでも、祖母の家に行くと、誰も来ていないのに、

「いま、ふすまが開いて、誰かが入ってきた」

などといったりしています。

死を招く呪いの日本人形――浅野淳也（三十歳）

僕はいままでに三人の人の死にかかわってきたのかもしれません。人の死を誘発してしまったのではないか……そう思っています。

小さいころ、僕の家の前には電車の踏み切りがありました。よく線路の上に小さな石を置いては、電車が通過するたびに火花が散るのを見て遊んでいました。もちろん、大人に見つかったら叱られることだということはわかっていましたから、ひとりだけの秘密の遊びです。

ある日、つい「誰かが電車に轢《ひ》かれないかなあ」といった言葉を親に聞かれ、ひどく叱られたことを覚えています。

しかし、思いついたその考えを消すことができず、僕は家に置いてあった日本人形を持ち出しました。歌舞伎風の、目が鋭い男女の人形でした。

人形をこっそり、線路の脇に置きます。電車が来るのを物陰に隠れるようにして待っていると、轟音とともに人形が電車にはねられ、飛んでいきます。

線路の上にまっすぐ置くのではなく、微妙に角度をつけ、少しあたるように置くことで、多少汚れはしても、人形が壊れてしまうということはありませんでした。

そんな遊びに夢中になっていたある夜、「ドーン！」という音がしたかと思うと、父が立ち上がり、家を飛び出していきました。

まもなく戻ってきたので、僕は父が何を見てきたのか確かめに行こうとしたのですが、父は「おまえたちは外に出るな！」と僕を制しました。

やがて、サイレンの音と人の騒ぐ声が聞こえはじめ、僕は人が電車にはねられたのだと理解しました。

僕はそのとき、人形に恐怖を覚えたのです。

僕の手で、何度も何度も電車にはねられるような目にあわされた人形が、何かをしたのではないか……漠然とそう思いました。

「ねえ、この人形、捨ててくれない？」

母にそう頼んでみましたが、母は「この人形はおじいちゃんの時代から、ずっとこの家にあるんだから」と、取りあってくれませんでした。

それから歳月が流れ、僕が小学校六年生になったと同時に引っ越ししました。そのときも人形は荷物に入れられ、新しい家では両親の寝室に置かれることになりました。

僕は新しい学校にもすぐになれ、登下校の班長として下級生を引き連れて行く役目にもついていました。ところが、その登下校グループのなかに、ひとりだけすごく生意気で、腹の立つ子がいました。

毎日、ケンカになってしまいます。けれども、その子は僕よりも体が大きく、力も強かったので、どうしても歯が立ちません。

〈あんなヤツ、死んじゃえばいいんだ！〉

心のなかで強く思った瞬間、小さいころの線路遊びとそのあとの踏み切り事故を思い出し、血が逆流するような不安にからめとられました。

「お母さん、あの人形、お願いだから、あの人形を捨てて！」

僕が願ったことを人形が聞いていたような気になり、母に必死で頼みました。

母は最初は「何をいってるの？」という感じでしたが、僕の粘りに根負けしたのか、やっと人形を捨ててくれました。

しかし、それから数日後、悲劇は起こりました。

僕が〈死んじゃえばいいんだ！〉と思ったあの子が、小学校の横の脇道でトラックに轢かれて死んでしまったのです。

そこは、見通しのよいまっすぐな道路で、歩道もきちんとあり、事故が起こるとは思えない場所でした。

僕は両親や同級生といっしょに事故現場に献花をしに行き、そのあと小学校の横を通ったのですが、何気なく多目的ホールの窓を見て、凍りついてしまいました。

そこには、あの二体の人形が飾られていたのです。

人形は、まるで事故現場を眺めるようにこちらを向いていました。

僕は母に、本当に人形を捨てたのかどうか確かめましたが、母はゴミの日に出したといいます。

それでは、誰かが拾って学校に持っていったというのでしょうか……？

人形を怖がる理由を話すわけにもいかず、親にも黙ったままでしたが、あれは、いまでも学校の窓に飾られているのではないかと思います。

人形の記憶もすっかり消え、普通の社会人として働きはじめたころ、仕事帰りに同僚といっしょに乗った電車が急停車をしました。

「キーッ！」

という、不気味なブレーキの音はいまでも耳に残っていますが、それは飛び込み事故でした。

冷たい汗が噴き出しました。

いっしょにいた同僚は小声で「人がはねられるってどんなふうになるんでしょうね。一度見てみたいですね」と不謹慎なことをいいましたが、僕はその言葉を聞きながら、あの人形の顔を思い出していました。

〈いや、あの人形はもう手もとにないから、大丈夫だ〉

一生懸命、自分に言い聞かせながら……。

ところが、その日から頻繁に夢を見るようになりました。あの人形が現われるのです。吊り上がった目で、じっと僕のほうを見ながら、何かをいっています。しかし、言葉は聞こえてきません。

夢を見たあとはずっといやな気分でした。

否定しつつ、もしかしたら、自分があの人形に殺されるのではないか……そんな考えが、打ち消しても打ち消しても浮かんでくるのです。

そして、その日はやってきました。

一昨年の梅雨の朝、首都圏にあるK急行線のある駅で悲劇は起こりました。快速急行がホームに入ったとたん、僕は見てしまいました。目の前で、人がはねられたのです。思い出したくも、話したくもない光景でした。

すぐに後ろを向き、目を背けた僕の耳に小さな声が聞こえてきました。

「ほらね……」

いったい、あの人形にはもともと何かの力があったのか、僕が電車にはねさせたことが関係しているのか、わかりません。もしかしたら、最後には自分自身が電車にはねられてしまうのではないかという不安も消すことができません。

いまは、夢に人形が出てこないことを願いつつ、気軽に人が轢かれる話はしないと心に決めています。

虫の祟りは、伝染《うつ》るんだよ……――平林沙樹(三十四歳)

「虫屋敷」の話を聞いたのは、F市という地方都市に引っ越してきて半年ほど経ったころのことです。私は当時、小学校四年生でした。

学校の友達何人かと少し遠くの公園に遊びに行った私は、すぐ近くに建つ立派なお屋敷に目を奪われました。

普通の家ではなく、「お屋敷」と呼びにふさわしい、周りを石垣に囲まれた純和風の大きな建物は、いかにも歴史がありそうに思われました。

「なんか、あの家、怖くない？」

どうしてそんな言葉が出てしまったのか、いまとなっては、そのときの気持ちを思い出すことはできませんが、おそらく肌寒い曇り空だったその日の気候や、昼間から雨戸が閉まったままになっているようすや、広い庭に一本の木も見当たらない違和感がないまぜになって、不気味な印象を導き出したのでしょう。

いっしょに遊んでいた友達も、一様に怯《おび》えたような表情になりました。

そして、互いにつつきあったり、目配せしあったりしていましたが、やがて観念したかのように、Mちゃんというリーダー格の女の子が私に耳打ちしてくれました。

「オバケ屋敷だもん」

屋敷は、このあたり一帯の地主のものでしたが、その家系はなぜか、男も女も長生きせず、病気や事故で不自然に命を断ち切られてしまうことが多かったようです。

そして、十年以上前、ついに若い夫婦だけが残されました。そのころ、すでに「気味の悪い屋敷」と感じている人も少なくなかったのですが、若い夫婦が気さくでよい人だったので、その声が大きくなることはありませんでした。夫婦が赤ちゃんを授かったときには「新しい命が一族の不幸を跳ね返して、新しい未来を呼びこんでくれるに違いない」と、町の人たちはひそかに期待をしたほどです。

しかし、赤ちゃんが生後四カ月を迎えたときに、事件は起こりました。

「殺しちゃったんだよ」

Mちゃんは、まるで現場を見たかのように、震えながら、声を潜めました。

「奥さんが赤ちゃんに殺虫剤を噴きつけたあと、金属バットで殴りつけたんだって」

夫に連れられて警察に出頭した妻は、うわごとのように「虫が……虫が……」とつぶやいていたそうです。

しかし、警察や鑑識が屋敷内をくまなく調べても、虫どころか、蠅一匹すら見つからなかったということです。

「その事件以来、町の人はみんな、この家のこと、虫屋敷って呼んでるの。住む人もないし、よそからきた人が知らずに住んでも、すぐに出ていってしまう。祟《たた》りが怖いから、取り壊せないし……」

Mちゃんが話しはじめると、他の友達は「そんな話はもうやめて遊ぼうよ」と明るく誘ってきましたが、Mちゃんは首を横に振り、思い詰めた顔で宙を睨《にら》み、こういいました。

「実は私の家も虫屋敷になりかけたことがあるんだ」

Mちゃんにはお兄さんがふたりいました。Mちゃんが生まれたときには、初めての女の子の誕生に家族は大喜びしたそうです。しかし、そんな喜びもつかの間、お母さんのようすがおかしくなったのだそうです。新生児のMちゃんを抱え、育児に専念していたお母さんが、あるときから「虫が見える」といいだしたのです。けれども、お父さんにもふたりのお兄さんにも「虫」など見えません。

自分の言葉を信じてもらえないお母さんは徐々に孤立していき、やつれていきました。そして、半ば育児放棄のような状態に陥ったのです。

「そのころの私、ミルクももらえないで、ガリガリに痩せていたんだって。おまえは死にかけてたって、お兄ちゃんたちがいってた。ひょっとしたら、殺されかけたのかもね……」

Mちゃんの口から出てきた物騒な言葉に、私は胸にべったり墨を塗られたような気持ちになりました。物心つく前の話とはいえ、Mちゃんがいまも傷ついているのは明らかでした。

それでも、Mちゃんには救世主がいました。おばあちゃんです。家庭内に問題の起こったことを知った父方の祖母は、わざわざ北海道から出てきて、お父さんやお兄さんたちの世話を引き受け、神経にダメージを受け、入院一歩手前だったお母さんに、ある助言をしたのだそうです。

「子供を失いたくなかったら、大切にしていることを隠して、汚物のように扱いなさい。子供をどれほどかわいく思っているかは、家族だけが知っていればいい。質の悪いよそ者には、決して勘づかれてはいけないよ。汚物を盗っていく物好きはいないんだからね」

Mちゃんのお母さんが、その民話めいた話をどう受け止め、何を知ったかはわかりません。けれど、Mちゃんもお母さんも、そんなことすら忘れているほどに、穏やかに幸せに暮らしているのですから、きっと何か手段を講じて、よい結果に結びついたのでしょう。

Mちゃんは話を終えると、静かにいったものです。

「たぶん、この世界には目に見えない、でも、人の心を狂わせてしまうような怖いモノが、まだたくさんいると思う」

抽象的ですが、妙に説得力のあるMちゃんの言葉は、私のなかに突き刺さるように残り、心底ゾッとしました。

しかし、毎日毎日を楽しく、忙しくすごしているうちに、あれほど気味悪く思った「虫屋敷」のいわくも、Mちゃんの話も、いつしか忘れ去ってしまいました。

友達のあいだで、話題にのぼることもありませんでした。

誰かがあえてほじくらないかぎり、意識の底に深く沈み、封印されてしまった記憶というものもあるのでしょう。

やがて大学を卒業した私は就職を機にF市を出て、都会に移り住みました。そして、三十歳をすぎてからようやく結婚し、ほどなく赤ちゃんを授かりました。

異変に気づいたのは、生まれてまもない我が子にお乳をあげているときでした。真夜中のことです。

頭の上でざわざわと誰かがささやいているような、誰かに見られているような、そんな気配がしました。私は無防備な姿勢で赤ん坊を抱きながら、目だけ動かしました。

そして、視界の隅を横切る小さな黒い影をとらえたのです。

「ゴキブリ！」

私の声で隣に寝ていた夫が目を覚ましました。

電気をつけて探してもらいましたが、どこに身を潜めたのか、ゴキブリは見つかりませんでした。

私も夫もゴキブリは苦手です。衛生上のことを考えても、放っておけず、翌日にはさっそく駆除剤を買いに行きました。赤ちゃんがいる部屋でスプレー式や燻煙《くんえん》式の殺虫剤を使うのははばかられたので、粘着シートのついたトラップや、ほう酸団子を購入し、家じゅうに置きました。

その夜、授乳中に、私は再び悲鳴をあげました。またゴキブリが出たのです。それも、布団の上を堂々と這ってきました。二匹に増えていました。

まんじりともせず朝を迎え、トラップのなかを覗いてみましたが、一匹もかかっていません。

それからゴキブリは毎晩、現われるようになりました。しかも、次の夜は四匹、その次は六匹、十匹……。日を追うごとにゴキブリの数はどんどん増えていきました。

寝る部屋を替えてみても、結果はおなじでした。まるで狙いを定めているかのように、ゴキブリは、私と赤ん坊を追ってきました。

そもそも当時のわが家は密閉性の高いマンションで、どこから大量のゴキブリが入りこんでくるのか、わかりません。もちろん、管理人さんに確かめましたが、ゴキブリ被害が出ているのはうちだけで、他の家では問題ないといいます。

夫が起きているときは出てこないので、夫は口にこそ出しませんでしたが、私の幻覚だと思っているようなふしがありました。

こうなると、神経が高ぶってきます。それでなくても、授乳のため頻繁に起きなければならなかった私はどんどんナーバスになっていき、とうとう眠ることもできなくなってきました。てきめんに体調が崩れていき、あっという間に母乳も出なくなりました。

赤ん坊に申し訳なく、出ない母乳にむずかる我が子を見ていると、涙がこぼれました。

そんなある日のこと、夫が出張で出かけることになり、私は赤ん坊とふたりきりの心細い夜を迎えなければならなくなりました。

夜の十一時をすぎたころ、本棚の隙間から、いよいよ一匹めのゴキブリが出てきました。私は狙いを定めてスプレーを噴きつけます。

そのころにはすでに心の機能の一部が麻痺していたのでしょう。赤ん坊の頭上でスプレー式の殺虫剤を使うことに何のためらいもありませんでした。

物音に驚いたように目を覚ました赤ん坊が泣き声をあげます。その声に招かれるように、続いて箪笥《たんす》の裏側から二匹めのゴキブリが出てきました。時計の後ろから三匹め……。いつも以上に早いペースで続きます。

あっという間に部屋の白い壁がまだらな模様に変わっていきました。

動きまわる模様のなかには、飛ぶものさえあります。

こうなってくると、もはや殺虫剤を使うことすらできません。黒い模様は無数のブラックホールにも見え、自分の気力や生命力がすべて吸い取られていくようでした。

一匹のゴキブリが赤ん坊の顔の上にポトリと落ちてきました。赤ん坊は狂ったように泣き叫びます。すると、それが合図であるかのように、壁や床を這っていたゴキブリがいっせいに赤ん坊めがけて飛びかかりました。

そう、まさに飛びかかったのです。

シュッと空気を切り裂く鋭い音がして、次の瞬間、私の赤ん坊は黒く塗りつぶされていました。もう悲鳴すらあげられないようです。宙をかく小さな手がピクピク痙攣《けいれん》しているのがかろうじて見えました。

蠢《うごめ》く無数の虫。その気配。シャリシャリと何かを咀嚼《そしゃく》しているような音。ムッと鼻をつく油臭さ。

そして、私は見たのです。天井に貼りついた巨大で真っ黒な目を……。

「虫の祟りは、伝染《うつ》るんだよ……」

耳もとで誰かがささやきました。ゾッとするようなしゃがれ声で……。

私は夢中で電気スタンドを握りしめ、もう片方の手でいままさに殺虫剤を噴射しようとしていました。虫に喰われている我が子めがけて。

そのときです。

頭のなかでパチンと何かがはじける音がしました。そして、思い出したのです。二十年も前に聞いたMちゃんの話と、そのおばあちゃんがくれた知恵を。

「ゴミ！　ゴミ！　腐ったゴミ！　鉄くず！　糸くず！　使い古しのティッシュ！」

私は思いつくかぎりの「汚いもの」「必要のないもの」を赤ん坊に向かって叫びました。

「捨ててやる！」

「いらないんだよ！」

真っ黒な物体となった我が子に向かって、罵詈雑言《ばりぞうごん》を投げつけます。泣きながら、むせかえりながら、私は我が子を罵倒《ばとう》しつづけました。

気づいたときは、朝になっていました。

私は赤ん坊の弱々しい泣き声で我に返りました。

「生きていた！」

その瞬間、私の胸に感じたことのない気持ちがせりあがってきました。夢中で赤ん坊を抱きしめました。愛《いと》しくてたまりませんでした。変な話ですが、このとき、私は初めて「母性」を知ったように思います。

不思議なことに赤ん坊にはかすり傷ひとつありませんでした。病院で検査も受けましたが、結果は「異常なし」ということでした。

ただ、わが家がゴキブリ、いえ、ゴキブリに姿を借りた邪悪なものに占拠されかかったのはたしかです。寝室に点々と落ちていた黒い粒は、専門家に見てもらうと、すべてゴキブリの糞だったのです。

その後、私たちはすぐに引っ越しをしました。

あのときの赤ん坊は来年の春、幼稚園に入ります。とくに変わったところはなく、ごくごく普通の、少し元気すぎるような子供です。

夫や子供には、あの夜のおぞましい話はしていません。今後もするつもりはありません。あの出来事は私の胸だけに留めておくつもりです。

そして、最後に、この話を知ったみなさんが昔の人の賢い知恵を忘れないことを祈ります。

死んだ祖母からのメッセージ——松枝 仁(二十四歳)

祖母が亡くなりました。急死だったそうです。

数日前まで元気だったのに、ようすを見に母が祖母の家に行くと、居間に倒れていたということでした。すぐに救急車を呼びはしたけれど、すでに亡くなっていたといいます。

その祖母がいま、家にいます。病院から引き取った遺体を葬儀が始まるまで家に預かることになったのです。

祖父はもう何年も前に他界し、祖母は一人暮らしをしていました。

年寄りの一人暮らしは難儀だろうと、僕の両親はたびたび祖母にいっしょに住むことを提案したのですが、祖母はとうとう承諾することはありませんでした。

一人暮らしのほうが気楽でいいというのが、その理由でした。

最近は、年に何度かしか会うこともなくなっていましたが、八十歳を超えているとは思えないほど、若々しく、元気な祖母でした。

そんな元気な祖母の突然の死に、家族は、とくに母は動揺していました。

祖母が運ばれた病院から帰ってきた母は、見るからに憔悴し、痛々しいほどでしたが、そんな表情だったのも昨日だけで、今日は葬儀のしたくに動きまわっています。

「ちょっと、出かけてくるわ」

自分の部屋にいた僕に母が声をかけました。

「おばあちゃんと留守番してて」

「うん、いってらっしゃい」

母が玄関から出ていったのを確認して、僕は祖母が寝かされている居間へと入っていきました。

顔に白い布をかぶせた祖母が布団の上で寝ていました。

もう、生きていないのだ……。

こんなにも人はあっけなく、逝《い》ってしまうものなのかと考えながら、僕は祖母の隣に座りました。

最後に交わした言葉はなんだったんだろうと思い出していると、小さいころからかわいがってもらった記憶が次々浮かんできました。近所の公園に遊びに連れて行ってもらった……。駄菓子屋さんにもいっしょに行ったことがある……。お正月には必ず、みんなといっしょにご馳走を食べていた……。

そんなことを懐かしんでいるうちに、ふと小さいころに犯した、祖母に対する悪事をひとつ思い出してしまいました。

僕がまだ小学生のときのことです。

祖母には小さいころからかわいがってもらいましたが、たったひとつ不満がありました。

それは、祖母がお金にうるさい、はっきりいってしまえば、ケチだということでした。

友達はよく、「おばあちゃんにお小遣いをもらった」とうれしそうに話すことがありましたが、僕は祖母にお小遣いというものをもらったことがありません。せいぜい近所の駄菓子屋でひとつかふたつのお菓子を買ってくれるくらいです。

いま考えると、ずいぶん自分勝手な不満だとは思いますが、まわりの友達がお小遣いをもらった話をするたびに、どうしても歯がゆい思いをしていたのでした。

そんなある日、夏休みに両親といっしょに祖母の家に行ったときのことです。

小学生の僕にとっては、親戚の集まりなどあまり楽しいものではなく、どうせお小遣いもくれないんだから、といった思いが先に頭に浮かんで、退屈していました。

そうした食後の団欒《だんらん》中、トイレに立った僕は廊下の途中にある台所に何気なく入りました。ふと見ると、食器棚の上に財布がひとつポツンと置かれています。家では見たことのない財布なので、たぶん祖母のものだろうと思いながら、手に取ってみました。

そのとき、好奇心と欲望が沸き起こり、そっとなかを覗くと、結構な額のお金が入っていました。

「やっぱりケチなんじゃん」

中身を見た瞬間、そう思い、あろうことか、僕は財布のなかから千円札を一枚抜き取ってしまったのです。

いままで、小遣いなど一銭もくれたことがないのだから、これくらいいいだろうという思いが、僕を支配していました。

あのあと、しばらくのあいだは罪悪感と、バレるのではないかという不安で生きた心地がしなかったものですが、いつのまにか忘れてしまい、あの千円を何に使ったのか、いまでは思い出すこともできません。

……祖母のほうを見ると、相変わらず、白い布をかぶり、横たわっています。

僕は、いま思い出した悪事を目の前の祖母に告白したい気持ちに駆られました。

「あのね、おばあちゃん……」

死んでしまった人間にいまさら白状してもしかたないけれど、いましかないという気持ちもあって、僕は話しはじめました。

「実は僕、一度だけ、おばあちゃんのお金を盗ったことがあるんだ。ずいぶん昔のことだけどね。あのときは罪悪感でいっぱいになったよ。でも、結局謝れなかった」

目の前の祖母はもちろん、ピクリとも動きはしません。けれども、ちゃんと聞いていてくれる、僕にはそんな気がしました。

「怒られるのが怖くてね。いまさらこんなことというのもなんだけど……ごめんなさい」

あたりは静寂に包まれています。

少し、眠くなってきました。罪の告白をしたことで、安心したのかもしれません。

僕はその場で横になりました。

……夢を見ました。

霧に包まれたような視界の悪い部屋のなか……。

僕はそこに座っています。

祖母が近くの机に向かって何か書き物をしている背中が見えます。声をかけようとして、違和感を覚え、口を閉じました。

祖母は死んだ人が着る白装束を着ているのです。どうしてそんな格好をしているのだろうと不思議に思いましたが、不意に思い出しました。

そう、祖母は死んだのです。

これは夢だから、夢のなかで祖母は僕に会いに来てくれたのだと思い、今度は声をかけました。

「おばあちゃん」

しかし、祖母は振り返ることなく、あたりの霧がどんどん濃くなってきて、やがて祖母の姿を飲みこんでいってしまいました。

……そこで目が覚めました。

部屋のなかは静まりかえって、母はまだ帰ってきていないようでした。

水を飲もうと、体を起こしたとき、すぐそばの机の上に何か置かれていることに気がつきました。折りたたまれた白い紙です。

気にもせず、冷蔵庫のある台所に向かおうとしたとたん、あることに思いいたりました。

あの夢……！

〈まさかな……〉

自分の脳裏に浮かんだ考えをばかばかしいと思いながら、机の上の白い紙を手に取り、広げてみました。するとそこには、

「かねかえせ」

と、大きな文字が踊っていたのでした。

とっさに祖母のほうを見ると、かけてあった布団がめくれていました。

耳に残る自殺者の声――九曜かおり(三十九歳)

私がときどき霊を見たり、気配を感じたりするようになったきっかけは、小学校三年生のときの大叔父の葬儀に出席したことだと思います。

会食のとき、人数が多すぎて座りきれなかったので、私は棺の近くに急遽作られた席に

座ったのですが、そのときから、この世でないところとチャンネルが合ってしまったと思うのです。

学校というところは霊が集まりやすいのか、家や外にいるときよりも頻繁に見たり、感じたりしました。

いちばん多かったのは中学生、高校生のころでした。

いまでもときどき、人には見えないものが見えたりすることはあるのですが、高校生のとき、一度だけ「声」を聞いたことがあります。「声」という表現は、もしかすると、正しくないかもしれません。それは直接、私の頭のなかに考えが湧いてくるように響いてきたのです。

高校三年生になったばかりの四月、三時限目のときでした。

初めての学科、「政治経済」についての説明を受けていました。

その日は穏やかに晴れていて、窓際の席に座っていた私はぼんやりと外を眺めていました。窓からはそよそよと心地よい風が入ってきます。

時計を見ると、授業は二十分ほどで終わる時刻でした。

突然、

「ここから飛び降りたら、気持ちいいだろうな」

という声が耳もとで聞こえました。聞こえたともいえますし、なんの脈絡もなく心のなかに浮かび上がったという感じもしました。なぜそう思ったのかわかりません。しかも、その瞬間、とてつもなく悲しくなり、涙が溢れそうになったのです。

私はそれまでに考えたこともない自殺の願望が自分にはあるのかと不安になり、休み時間になっても落ち着きませんでした。

胸の奥のほうがわさわさした感じです。

やがて、四時限目が始まりました。「倫理社会」の授業です。気持ちを切り替えようと、先生の話に意識を集中させましたが、先生はいきなり、授業以外の話を始めました。先生は三時限目が空き時間だったので、入院をしている生徒のようすを見にいったのだそうですが、その帰り道、自殺の現場に遭遇してしまったというのです。

高校から自転車で十分ほどのところにある高層団地から男性が飛び降りたといいます。先生が通りかかったときは、まだ救急車が到着していなくて、その生々しいようすを見てしまったのだと話していました。

あとでわかったことですが、その人は団地の近くに住む、高校を卒業したばかりの浪人生だったそうです。

その時刻、それは私が「ここから飛び降りたら、気持ちいいだろうな」と思った時刻とぴったり一致していました。

自殺直前のまだ生きている人の強い思いが声となって聞こえてきてしまったのです。

声を聞いたのは、あのとき、一度だけです。

私は在学中も、卒業してからも、先生から聞いた自殺現場には行っていません。もし、あのときの「声」の主と、そこで波長が合ってしまったら、どうなるかわからないと思うからです。

いまでも、人には見えないものが見えたり、髪の毛を引っぱられたりする私は、これから先も、絶対にあの現場には近づかないでおこうと決めています。

死神校長が連れて来た死者——根岸健一郎（七十一歳）

もうずいぶん昔のことですが、私は中学校の夜間警備員として勤務したことがあります。

夜間警備員は、不審なことがないか、生徒や職員が帰ったあと何度か校内を見回るのですが、人けのない校舎のなかは、正直あまり気持ちのいいものではありません。昼間にぎやかなだけに、夜の静けさが倍増して不気味に感じられるのです。

ある夜、最終巡回のとき、一階から二階、三階といつもとおなじように順番に見ていくと、三階に来たときに、背筋に何か「ゾクッ」としたものを感じました。

頭のなかで、「行きたくない」という声が響いたように思います。

しかし、私は霊の存在など信じてはいませんでしたし、仕事は仕事ですから、そのまま足を進めました。

「コツコツ……」

自分の足音だけが大きく響いて聞こえます。

一組から順に覗いていき、懐中電灯で教室の隅々を照らしました。

二組……三組……、そして、最後の七組まで来たとき……。

教室の磨《す》りガラス越しにフッと何かが動いたように見えました。

何年間か警備員をしましたが、夜中に侵入者を発見したことはありません。緊張感で、少し身震いしました。

思いきって教室のドアに手をかけ、静かに開けてみると、教室のちょうど真ん中あたりに人影が見えました。しかし、何かおかしいのです。

それは、制服姿の女子生徒でしたが、ぼんやりとつかみどころのない感じで、生きているものではないことはすぐにわかりました。体が透けて、向こう側が見えるような影なのです。

私は一目散に廊下を走り、階段を駆け降りて仮眠室に飛びこみました。もう思い出したくもありません。布団を敷き、さっさと眠ってしまおうと、支度をしました。

しかし、校長室、事務室、職員室をまだ巡回していないことが気にかかり、律義にも一度だけまわっておくことにしました。やめておけばよかったのですが……。

職員室の北側の窓からは駐輪場が見えます。職員室から出ようとしたとき、その駐輪場で何やら動くものがあるのを見つけ、私は昇降口のドアを開け、駐輪場に向かいました。

すると、そこにひとりの男性の後ろ姿が見えました。

声をかけようとして、私は「うっ」と息を呑みました。

見覚えのあるジャンパー、少し猫背の丸い背中……それは、間違いなく、化学のF先生でした。夏休み中に、バイク事故で死んだはずの……。

確かめる勇気も後戻りする力もなくなってしまった私がたたずんでいると、その気配に気づいたかのように男性がこちらを振り向きました。

血だらけの顔で……。

「ぎゃーっ！」

声にならない悲鳴をあげて、私は仮眠室に駆け戻り、さっき敷いた布団に潜りこもうとすると……。

はねあげた布団の下には、前任の警備員が横たわっていたのです。

数年前、この部屋で自殺した男でした。

私は仮眠室を飛び出し、その夜は保健室のベッドの上で、まんじりともせず、朝を待ちました。

この夜に限って、どうしてたくさんの死者が学校に集まってしまったのか、考えつづけました。

確かなことはわかりませんが、たったひとつ思いつく理由があるとすれば、その日の夕方、学校に訪れた他校の校長先生のあだ名が「死神」だということくらいです。

「死神」などという奇妙なあだ名をつけられたのには、わけがあります

その校長先生が赴任すると、職員や生徒が必ず死ぬという噂があったからです。

私が見た、この世のものではないものは、みんな「死神」が連れて来てしまったものだったのでしょうか。

第四章　この世に未練を残す亡者

恐怖の写真——山岸乃里子(五十八歳)

大学時代の友人から電話があったのは、十数年前、五月の連休明けのことでした。

「旅行で行った和歌山の近くに心霊スポットがあって、子供が行きたいっていうから行って、携帯で写真撮ったんやけど、変なもんが写ってるみたいやねん。メールで送るから見てくれる?」

私は若いころ、ほかの人には見えない白い影を見たり、気配を感じたり、不思議な声を聞いたりしていたので、友人のなかでは「霊感が強い」と思われていました。

けれども、結婚してからはそんなことを感じることも少なくなり、自分では特別な力があるとは思えなくなっていました。

友人にはそういったのですが、それでも、といって、写した写真を私の携帯に送信してきました。

そこには古くて狭そうなトンネルの入り口が写っていました。友人の子供が画面右側でピースサインをしながら笑っています。そして、その横に小さな霞のようなものが……。

「この霞みたいな白い小さいもの? 別に何も感じないけど、気になるんなら、消去しとけば？」

私はすぐに友人に連絡をすると、彼女は「そうする」といって電話を切りました。

そして、私はといえば、そんな写真のことなど、すぐに忘れてしまったのです。

数日経った夜のことでした。

「ううう……」

寝苦しさに目を覚ました私はわけもなく、

〈何かが……来る……〉

と思いました。

なぜそう思ったのか、また何が来るのか、自分でもわかりません。ただ、反射的にそう思ったのです。

すると、次の瞬間、ズシンとした重みが肩から腰にかけて襲いかかり、体の自由が奪われました。もう起こらないと思っていた金縛りです。しかも、体の上には「ズルズル……」とした感触がありました。まるで大きな蛇が足もとから胸のほうに向かって這い上がってくるような……。

私は昔を思い出し、懸命に賛美歌を歌いました。声など出ませんでしたが、ささやくように歌うことに意識を集中させました。

昔、カトリック系の学校に行っていたので、金縛りにあったとき、何度もその方法で抜け出したことを思い出したからです。

どのくらい経ったかわかりませんが、フッと体が軽くなりました。金縛りが解けたのです。全身、汗びっしょりでした。

〈こんなきつい金縛り、何年ぶりだろう？　疲れがたまってるのかな？　明日は早く寝よう〉

そのときは、まだそんなふうに考えただけでした。

そして次の日の夜。早くにベッドに入った私はすぐに眠気に襲われましたが、再び体が硬直していくのを感じ、不快感で目を覚ましました。

動けません。

足もとに何かの気配を感じました。と、次の瞬間、誰かが私の足首をつかみました。そして、ぐいぐいと引っぱるのです。

体はだんだん下のほうに向かって移動しはじめています。

〈来る……何かが……来る……〉

恐怖が全身を包みました。心臓の鼓動が自分にも聞こえるほど、速く激しく鳴っています。

私は必死で賛美歌の歌詞を思い出し、口ずさみました。

昨日よりも長く続いた金縛りですが、それでも、なんとか解放されました。

次の日には、もう横になることも恐ろしくてしかたありません。

いったい自分の身に何が起こっているのかわかりませんが、あの〈何かが……来る……〉という感覚は、だんだん確信に近いものになっていました。

そのとき、ふとテーブルの上においてある携帯に目が行きました。

ゾクッと悪寒が走ります。

わけもなく、怖いと感じました。

しかし、確かめずにはいられなくなって、私は震える手でそれを開きました。ずらりと並んだ受信メールのなかに、あの友人からの写真が添付されたメールがあります。

数秒後、あのトンネルの前での写真が出てきました。

映し出された画像を見たとたん、血の気が引いていくのがわかりました。

友人の子供の横にあった小さな白い霞のようなものが大きくなっています。三倍ほどの大きさになっているのです。それだけではありません。

それは……人間の横顔になっているのでした。

鼻の高い、おかっぱの髪型の女の人……。目のあたりは窪んでいます。

画面からは強烈な存在感が吹きつけてきました。

慌てて電源を切ろうとしましたが、手が震えて、思うように押すことができません。

そのときです。

画面がかすかに動きました。

横向きの顔がゆっくりゆっくり動きはじめたのです。

「早く……早く……なんとかしないと……来る……!」

もう一度電源を切ろうとして、とんでもないことに気づきました。電源を切ったとしても、この写真は携帯に残るのです。

携帯から消すためには消去しなければならないのでした。

友人には「消去しとけば?」といったのです。だから、彼女には何も起こらなかった……。

消去すれば、助かる……。

私はメニューボタンから消去の項目を探し、必死になって消去しようとしました。

ところが、消えません。

壊れてしまったかのように、携帯が反応しないのです。

何度も何度もキーを押しました。

……反応しない。

顔が、徐々にこちらに向いてきます。

もう三分の一はこちらを向き、窪んだ目が私を見ていることがわかります。

「神さま、守護霊さま、助けて、助けて……！」

心のなかで叫びながら、私は狂ったようにキーを押しつづけました。

すると、突然、

「ピッ……」

という音とともに、携帯が反応して、写真は消えました。

ホッとして体の力が抜けたとたん、私の耳もとで、

「チェッ……！」

という舌打ちが聞こえたのでした。

その後、私はまんじりともせず、朝を迎えました。

そして、その後は何事も起こらず、私は学生時代に持っていたクルスのネックレスをずっと身につけるようになりました。

あのとき、消去できないで、横顔がこちらを向いてしまったら、どうなっていたのでしょうか。そう考えると、いまでもゾッとします。

あの世に行けない縊《い》死体

——町村拓也（二十六歳）

師走の仕事納めの日のことでした。私は隣町の国道を車で走っていました。

海に面したその国道の脇には、防風林が続いています。

北国の日の出の遅い午前五時、ほかに通る車もなく、道は静かにどこまでもまっすぐ延びていました。田舎なので、鹿やキツネなどが飛び出すことも少なくなく、運転には注意が必要でした。

薄暗い前方に集中して走っていると、人影が暗闇のなかにぼんやりと見えてきました。遠目にも、うなだれているようすがわかります。

事故にでも遭ったか、道に迷ったか、いずれにしても、早朝ひとりで国道脇にたたずんでいるのは尋常ではないと思い、スピードをゆるめました。

ゆっくりしたスピードで近づいてみると、それは白いYシャツ姿の中年の男性でした。

この寒空にコートも着ていません。

そして、肩を震わせるように泣いているのでした。

私は彼の横をそのまま、通りすぎました。大の男が泣いているところに、声をかけるのもはばかられたからです。いったい何があったのか、想像もつきませんが、不自然な光景ではありました。

気になってバックミラーを覗くと、彼はやはりうなだれたまま、とぼとぼと歩いていました。

その場所から、二、三百メートル行ったところで、一台のオートバイが止まっているのを見つけました。エンジンはかけっぱなしですが、人の姿はありません。

また、気になって、ブレーキを踏みます。

オートバイのヘッドライトは防風林のなかを照らし出していました。その光の先を見たとき、私は「あっ」と息を呑みました。

照らし出された一本の木に、男がぶら下がっていたのです。首と木をつないだ紐が不気味に浮かび上がって見えました。

その男の服装に見覚えがありました。

そう、たったいま、追い越してきた白いYシャツの男に間違いありません。

私は、即座に振り向いて道を確認しましたが、あのYシャツ姿で泣いていた男はいなくなっていました。

私は携帯電話を取り出し、警察に電話しましたが、自ら命を絶ったであろう体にもう一度、目を向けることはできませんでした。

救急車とパトカーが駆けつけ、第一発見者として、状況を聞かれましたが、私はあの泣いていた男のことは話しませんでした。話したところで、誰が信じるでしょうか。

遺体を乗せて走り去っていく救急車を、昇りかけた朝日が黄金色に染めていました。

昔、祖母がいっていました。自殺した人はあの世に行けないのだそうです。

あの男の人は、あの防風林のそばで、いつまでも泣いているのでしょうか。

憑依《ひょうい》——坂本桃子（三十五歳）

何から書けばいいのでしょうか。あの体験を思い出すと、混乱してしまいます。

あれは大学進学のためG市に引っ越しをし、生活も落ち着いてしばらく経ったときのことでした。

共通の友人を通して知りあった隣のO市の大学に通うひとつ年上の亜衣ちゃんのマンションに遊びに行きました。亜衣ちゃんの住むマンションは比較的大きいのですが、少し古く、薄暗い感じがしました。

マンションのすぐそばをK川が流れています。彼女の部屋は川に面したほうにあったので、川を流れる水の音が聞こえてきました。

私は自分では気にしないように努めてはいますが、霊感が強く、亜衣ちゃんのマンションに入ったとたん、何かあるのでは、と感じていました。それは、亜衣ちゃんの部屋に入ったとき、いっそう強くなりました。

部屋のなかを確かめるように見ている私のようすに、亜衣ちゃんは、

「やっぱりモモちゃんにはわかる？ みんな怖がるから、誰にも話さないでいたんだけど」

と、不気味な話を始めました。

亜衣ちゃんの住む部屋では、以前、自殺をした男性がいたのだといいます。目の前のK川に飛びこんだのです。

「この部屋にね、帰ってきてるみたいなの……」

亜衣ちゃんにも姿は見えませんが、お風呂に入っていると、玄関から誰かが入ってくるような物音や、夜中にほかの部屋から人の声がしたりということが何度もあるのだそうです。開けてもいないオルゴールが鳴ることもあるとか。

「妹の麻衣もいっしょに住んでいたんだけど、怖いといって出ていっちゃった」

麻衣ちゃんは亜衣ちゃんの双子の妹で、ふたりそっくりの美人ですが、亜衣ちゃんのほ

うが性格があっけらかんとしていて、大学も近いので、広いわりに家賃の安い部屋にいまでも住みつづけているのでした。

「最近はとくにひどいんだけど、もうじき卒業だし、それまでは我慢しようかなと思って」

そんな我慢はやめたほうがいいといおうとしたとき、ふいにオルゴールが鳴りはじめました。

「ほらね」

亜衣ちゃんはもう慣れているかのようにそういったので、私は、

「引っ越したほうがいいよ。麻衣ちゃんのところに行ってもいいじゃない。物を動かすほどだから、相当強い念があるんだよ」

と勧めたのですが、亜衣ちゃんは「大丈夫よ」と笑っていました。

その日以来、誘われても気味が悪く、亜衣ちゃんの部屋に行くことはありませんでした。

それからしばらく経って、年末になり、忘年会に参加すると、亜衣ちゃんも来ていました。なんだか、前に会ったときよりも、顔色が悪く、口数が少なくなっているのが気にかかりました。

車を運転してきていた亜衣ちゃんは、お酒に口をつけることはなく、ずっとウーロン茶

を飲んでいましたが、いつのまにか、なんだか酔っぱらっているみたいに呂律《ろれつ》がまわりにくそうになってきていました。

私は心配して声をかけたのですが、ほかの人たちは「雰囲気に酔ったんだよ」などといって取りあいません。

やがて、会も終わろうとするころ、私はやっぱり気になったので、亜衣ちゃんに「送っていくよ」と声をかけました。

すると、亜衣ちゃんは、

「帰らなくちゃ、あの部屋に帰らなくちゃ」

と、つぶやいて、いきなり走りだしました。

私は驚いて追いかけましたが、とても追いつけず、亜衣ちゃんが車に乗って猛スピードで走り去っていくところを呆然と見ているしかできませんでした。

けれども、どうしても気になります。

私はタクシーを拾うと、亜衣ちゃんのマンションに向かいました。

そして、見つけたのです。亜衣ちゃんの車がK川のフェンスに激突し、後輪がやっとひっかかって、落ちる寸前のところで止まっているのを……。

救急車が来るまでに、彼女を車から引きずり出しましたが、フロントガラスに打ちつけた顔面は血まみれでした。

病院に運ばれて、何度か手術をし、顔の傷は目立たなくなったものの、亜衣ちゃんの右目は失明してしまいました。

入院して落ち着きを取り戻したころ、亜衣ちゃんに尋ねてみましたが、あの忘年会の夜のことはまったく覚えていないのだそうです。

その後、亜衣ちゃんは故郷に帰っていきましたが、私にはあのときの亜衣ちゃんが何かに取り憑《つ》かれていたとしか思えません。

夏の夜の怪——岩崎玲子（六十三歳）

現在八十五歳になる私の母は歩行が困難になり、家に籠《こも》りがちになりました。私とふたりきりの生活なので、寂しいだろうと、母の孫、私の甥が大学生のころからたびたび家に来てくれるようになりました。

いまは二十三歳になり、児童施設に勤めています。

「おばあちゃん、どうや。元気か」

といいながら、やってきては、この家の主人のように定位置に座って、私の作った夕飯を食べます。

母と私は、若い甥と話をするのを楽しみにしています。

彼の家は歩いて十二、三分のところにあるので、帰るのはいつも午後十一時近くですが、私はよく散歩がてら、いっしょに家を出ることがありました。田舎ですから、そんな遅い時間になると、ほとんど人に会うこともなく、ときたま、ジョギングをしている人を見かけるくらいでした。

広い道を通ると十二、三分かかるのですが、お寺の側の小道を通ると近いので、私たちはいつもまわりが畑のその道を歩きました。

夜の空気は澄んでいて、月のある夜には家々の屋根が銀色に光り、季節ごとの星空も美しく、フクロウの鳴く声が聞こえたりします。私は、この道を好んで通っていました。

近所の友達に、その話をすると、

「ようまあ、あんな気色《きしょく》の悪い道を夜中に通るなあ。幽霊が出るで」

と、驚いた顔をします。

そんな道なのです。

あれは二年前の夏の夜のことでした。

遅くまで私の家で卒論の準備をしていた甥が帰るとき、夜の涼しい空気を吸おうと、私も彼といっしょに家を出ました。話しながら、お寺にさしかかる道を歩きましたが、吹いてくる風は生暖かく、涼しい夜風を期待していた私は残念に思いました。そのときです。

ざわざわと人の話し声が聞こえてきました。

ひとりやふたりではありません。大勢の人の話し声です。

そんな話し声が聞こえるのは、初めてのことで、いったい何事が起こったのだろうと、私たちは聞き耳を立てました。

相変わらず話し声は続いています。

細い道の曲がり角の向こうから聞こえてくるので、そこまで行けば誰がいるのかわかるだろうと歩いていきましたが……、そこにはいつもの寂しい道が続いているだけで、誰もいません。

それなのに、まだ「ざわざわ」した話し声は聞こえてくるのです。

私と甥は顔を見合わせました。

「いま、何か聞こえなかった？」

「聞こえた、話し声」

いったい、これは……？

再び生暖かい風に頬を撫でられたとき、ふたりは走りだしていました。

私ひとりなら、空耳ということもあるかもしれませんが、若い甥がいっしょにおなじ話し声を聞いたのです。

不思議でたまらず、どうしても納得のいかない私は、翌日、近所のお年寄りを訪ねました。九十歳をすぎたそのおばあさんは町内の長老で、どんなことでもよく知っていました。

「おばあちゃん、聞いて。ゆうべ、おかしなことがあってん。気色悪いねん」

勢いこんで話す私の話を最後まで黙って聞いたおばあちゃんは、私の膝を軽く叩き、

「そら、しょうがないで。いまはお盆やもの。仏はんらが皆、帰ってはるんやろから」

といいました。

そういえば、その日は八月十四日、不思議な声を聞いたのはその前日十三日の夜のことです。

そして、おばあさんはこんな話をしてくれました。

「昔、よう猪が出よってな。稲やら芋やら、夜になると取りに来たんや。それで、組内(町内)で何人か順番に出てな、山の近くで夜中にホーイホーイと声をかけて、猪を追うたんやわ。私ら女子は握り飯やお茶を用意して山の小屋で待っとった。

それで、そうや、あの夜も盆の十三日やったかな。知ってると思うけど、山の小屋のち

ょっと上のほうに村の人の墓がある。山の小屋で握り飯の用意しとった私は、何かざわざわした物音を聞いたんやわ。ざわざわと騒がしい。猪追いの人らがもう帰って来たんかなと思うて、私は小屋の外に出てみた。ざわざわいう声は墓から村へ降りる道から聞こえてくるねん。不思議に思うて、私はその声のする墓道のほうへ出てみた。

そしたらな、なんということやろ。白い着物を着た人らがいっぱい村のほうに歩いていくやないか。もう私は腰を抜かすほどにビックリして、やっとの思いで小屋に帰ったが、誰にもその話はできんかったわ」

おばあさんは話し終えると、フッと遠くを見るような表情になりました。

そして、こう続けました。

「私もじき、あっちからお迎えが来るころやけど、あっちへ行っても、やっぱり盆になると、あないにして戻ってくるんやろかなあ」

生まれたものは、必ず死にます。いくら時代が変わってもそれだけは変わりません。

この世で深く縁を結んだ人たちとの別れは辛いものです。だからこそ、人は死者の魂を尊び、いつまでもともにいると信じているのです。

亡くなった人もおなじように、永遠に縁を結び、愛するものといっしょにいるのではないでしょうか。

閉店後のスーパーマーケットで……

——竹中　透（二十四歳）

二年ほど前の話です。僕は自宅からほど遠くないスーパーマーケットで働いていました。

その店には、変な噂がありました。

古株の社員から聞いた話なのですが、その店は昔、違う名前で営業していて、結構繁盛していたのに、ある日突然、閉店してしまったということでした。

その原因となったのは、ある男性社員の自殺でした。しかも、スーパーマーケットの倉庫で自殺したので、たいへんな騒ぎとなり、客足も遠のき、結局閉店せざるをえなくなったらしいのです。

いまの店は、そんないわくつきの建物を買い取って開店したものでした。売り場のほうは改装したものの、問題の倉庫は当時のものをそっくりそのまま使っていました。

そんな噂があるものですから、従業員のなかには倉庫内でひとりで作業するのをいやがる者もいましたが、僕自身は気にしていませんでした。

僕はそのての話に恐怖するような質《たち》でもありませんでしたし、「よくある話」程度に考えていたのです。

その日も、昼から出勤し、営業時間の終わる深夜まで仕事をしていました。

仕事も終わり、帰り支度をしていると、もう帰宅したはずのアルバイトの女の子が戻ってきました。どうやら忘れ物をしたようです。

「すみません、忘れ物しちゃって……」

「ああ、いいよ。取ってきなよ」

「……。あの、すみません。いっしょに行ってくれませんか？」

どうやら、ひとりで行くのが怖いようです。深夜だということもありますが、従業員の更衣室が問題の倉庫とおなじ三階にあって、更衣室に行くには倉庫を通り抜けなければならなかったのでした。

例の噂は従業員だけでなく、アルバイトの子たちにも広まっているようでした。

しょうがないな、と思いながら、僕はいっしょに更衣室に向かうため腰を上げました。

僕と彼女はエレベーターで三階に向かいました。

エレベーターの扉が開くと、そこには昼間とはまったく違う空間がありました。閉店後の倉庫はひっそりと静まりかえり、真っ暗です。開店時にはひっきりなしに人が行き来しているので、静けさが倍増されて感じられました。

「……なんか、怖いなあ」

彼女はすでに怯えているようでした。

「電気、つけよう」

僕が明かりをつけると、いつもの倉庫内が浮かび上がりました。

それでも、人っ子ひとりいない倉庫はどことなく不気味です。

「音楽、流してもいいですか？　いつも、お店で流してる音楽」

「ああ、いいよ」

店ではいつも有線でJ-POPミュージックを流していました。それは、店内だけでなく、倉庫や休憩室にも流すことができました。

有線を操作する機械はちょうど三階にあるので、スイッチを入れると、彼女は少しだけホッとしたような表情になりました。

しかし、倉庫に戻ったとたん、「おや？」と思いました。流れてくる音楽がいつものJ-POPミュージックではなく、昭和の演歌のようなものに変わっていたのです。ふだん、有線のチャンネルを替えることはありません。

「音楽、おかしくないですか？」

彼女も怪訝そうな顔をしています。

「うん、チャンネルがいつもと違うみたいだね。なんでだろう？　たぶん、誰かが間違って替えちゃったんだと思うけど」

「でも、今日は閉店までずっとJ-POPでしたよ」

「そうだっけ？　あんまり、気をつけて聞いてないからなあ」

流れてくる音楽はずいぶんと古くさく、懐かしい感じもしましたが、人けのない倉庫では不気味にも聞こえました。

そんなシチュエーションで、僕は目の前の女の子を少し脅かしてやりたい衝動に駆られました。

「ねえ、この倉庫で自殺者が出たの、知ってるでしょ？」

彼女の顔は露骨に青ざめました。

「やめてくださいよ！　ただでさえ、変な音楽が流れはじめて気持ち悪いのに」

僕はそんな彼女の言葉を無視して続けました。

「自殺したのは男性社員らしいんだけど、なんで自殺したか、知ってる？」

「もういいです。やめてください」

「その人、アルバイトの女の子に恋しちゃったんだって。ある日、勇気を出して告白したけど、手ひどくふられたそうだよ。それでショックを受けて、見せつけるかのようにここで首を吊ったんだ。女の子もショックを受けて、すぐに店を辞めたんだってさ」

これは作り話でした。

自殺者が出たという噂は広まっていましたが、細かい状況などは誰も知りませんでした。

しかし、彼女は僕の話をすっかり信じたようで、ますます青ざめた表情になりました。

僕は調子に乗って続けます。

「それからというもの、この倉庫には出るらしいよ、男性社員の幽霊……。好きだった女の子を探しているのかもしれないね。自殺した時間ね、ちょうどいまごろだったって……」

「やめてください！」

彼女はいまにも泣きだしそうな声で叫びました。

ちょっと冗談がすぎたようです。僕は反省して明るく、彼女に声をかけました。

「ごめんごめん。いまの話は全部ウソだよ。早く忘れ物を取って帰ろう」

僕たちは早足で倉庫を通り抜け、更衣室に向かいました。

「ありました、これです」

忘れ物はすぐに見つかったようです。

「すみません。つきあわせちゃって。でも、もう怖い話はしないでくださいね」

僕たちは再び倉庫に向かって歩きはじめました。

そこには相変わらず昭和演歌が流れています。

……まったく、誰がチャンネルを替えたんだろう。帰りに元に戻してから下りないと。

そんなことを考えながら、倉庫に足を踏み入れたとたん、

「プッ……」

急に音楽が止まりました。

ふたりは驚いて、同時に立ち止まりました。

突然、静けさが倉庫内を支配し、体が硬くなるのがわかりました。

そのとき、止まっていた有線が再び流れはじめたのです。しかし、そこから聞こえてきたのは、先ほどまでの昭和演歌ではありませんでした。

……人の声。

「……私は……に殺された……。あの日、……に呼び出され……ナイフ……」

不鮮明で途切れ途切れにしか聞こえませんが、たしかに人の声です。

「キャー！」

隣で彼女が悲鳴をあげました。

「……どうして……殺すの……怨《うら》む……」

僕たちは手を取りあって一目散に走りだしました。

エレベーターも使わず、階段を転がるように駆け降り、店の外に飛び出しました。

「な、なに？　あれ……？」

彼女の目には涙が浮かんでいました。

そう聞かれても、僕にもわかりません。しかし、確かめに戻る気にもなれず、彼女を自宅まで送ると、僕もその日はそのまま帰宅しました。

翌日、電気も有線もつけっぱなしで帰ってしまったことが気になり、僕は少し早めに出勤しました。あの不気味な声は思い出したくもありませんでしたが、一晩眠り、少しだけ冷静になったので、きっと機械の故障か何かだろうと思うようになっていました。

店のなかにそっと入ってみましたが、物音ひとつしませんでした。音楽も流れていません。もちろん、不気味な声も聞こえません。

僕は三階の有線の機械がある部屋に向かいました。

昨日、ONにしたままのはずのスイッチはOFFになっていました。まだ誰も出勤していないのに……。

そっとスイッチを入れてみると、いつものJ-POPミュージックが流れはじめました。

あれはいったい何だったのでしょうか。

昔、自殺したという人の仕業でしょうか？

いいえ、そんなはずはないのです。

あのとき、僕たちが聞いた不気味な声は紛れもなく女の人の声だったのですから。

それからしばらくして、僕の店ではもうひとつの噂が広まりました。

有線の部屋に血だらけの女が出る……という噂です。

深夜の救急外来休憩室――佐藤晴香（三十一歳）

いまはもうやめていますが、一年前まで、私はある病院で看護師をしていました。

外来勤務でしたが、その病院は救急外来も併設していたので、二十四時間態勢で深夜の当直勤務もしていました。

私が当直勤務をする二日前、十九歳の女性が首吊り自殺を図り、意識不明の状態で搬送されてきました。約二時間、蘇生の処置をしましたが、意識が戻ることはなく彼女は亡くなってしまいました。

私がその女性の話を聞いたのは、亡くなった翌日のことでしたが、あまりにも若すぎる死が痛ましく、あまり詳しい内容までは聞きませんでした。

そして次の日、私は深夜勤務のため、午前〇時に救急室に入りました。

夜間救急外来は受付に医事課職員の男性がひとり、別棟の医局に内科、外科の医師がひとりずつ常駐していて、看護師はひとりです。

ふだんは忙しい救急外来も、その日はなぜか平穏で、私は「患者さんが来られたら、コールください」と受付に頼んで、休憩室で仮眠をとることにしました。

休憩室と呼ばれるその部屋には、簡単な診察用具が準備されたデスクと椅子、ベッドが一台、置かれていました。

救急対応があるとはいっても、二百床程度の小規模病院でしたから、昔ながらの造りで、霊安室などはなく、当直看護師の休憩室が遺体安置所になることもごく稀《まれ》にはありました。

夜食のおにぎりを頰張ったあと、医療用携帯電話の音量を最大にセットして、私は横になりました。といっても、緊張感があるので、眠りは浅く、ほんの小さな物音がしても目を覚ますほどです。

それでも、いつのまにかうつらうつらと眠っていました。

そして、気がつくと、不思議なことが起こっていました。

私は白衣を着て立っているのです。

時計の針は五時三十分を指しています。目の前にストレッチャーが置かれ、若い女性が横たわっていました。私が横になっていたベッドはその向こうにあります。

一瞬、何がどうなったのか、わかりませんでした。

私が寝ていたベッドの掛け布団は無造作に畳まれ、枕もとには医療用携帯電話が置き去りになっています。そして、ストレッチャーの足もとでは三階内科の看護師ふたりが話をしているのです。

私はストレッチャーの上の女性に話しかけました。

「隣のベッドにおいてある携帯電話、取ってもらってもいいですか？」

女性は力のないくぐもった声で、

「ごめんなさい。私、携帯電話に手が届かなくて……。本当にごめんなさい」

そう答えました。

そこで、初めて、私は女性の顔を見ました。

すると、女性には首から上がなく、顔の位置には点滴ボトルが置かれていたのです。

「何これ！」

激しい恐怖に声をあげた瞬間……目が覚めました。

時計の針は五時三十七分を指していました。

あまりにも鮮明な光景に、私はどうしても夢だとは思えず、急いで部屋を飛び出し、医事課の男性職員のところに走りました。

「いる！　あの部屋、いる！」

血相を変えて飛びこんでいった私をなだめるように、男性職員は、

「いるって？　何が？」

と、静かに聞きます。

「霊……女の子……」

彼は黙って当直日誌をめくっていましたが、顔をあげると、こういいました。

「いるね……女の子……二日前、死んでる……」

受付の椅子に腰かけたまま、私は二日前に夜勤をした同僚が出勤してくるのを待ちました。同僚は私の話を真剣に聞いてくれ、その日のことを細かく教えてくれました。

「十九歳の女の子、公園のジャングルジムで首を吊ってたの。命の次に携帯が大切っていう子だったんだけど、発見されたとき、携帯電話は足もとにおいてあったんだって。

あの日は準夜勤の時間帯で、手が足りなくて、三階内科の看護師にも応援を頼んだのよ。

ノロウイルスの救急患者も多かったから、ちょうど部屋が空いてなくて、遺体はストレッチャーに乗せたまま、私たちの休憩室に安置させてもらったの。だって、ほかに場所が

なかったから」

同僚の話を聞いて何もかもがすべて結びつきました。首から上のない女性、三階内科の看護師、ストレッチャー、取れない携帯電話、若い女性の声……。

彼女は生きなければならなかった。でも、自ら命を絶ってしまった、きっとこの世に未練を残して……。

彼女は成仏できたのでしょうか。

いま思い出しても、背筋が寒くなるような体験でしたが、恐怖感があるばかりではありません。亡くなってからも、私に姿を見せようとしたほどの未練や心の叫びを思うと、いまでも耐えがたいような虚無感に襲われてしまいます。

死を告げる、風の音――森山愛子（五十八歳）

父が逝《い》ったのは、昭和五十九年の冬、寒波襲来で、風もなく、しんしんと痛いほど寒い夜のことでした。

当時、まだ五十七歳。その日は腹痛を我慢して労働組合の会合に参加していました。帰る早々「腹が痛い」と呻《うめ》くようにいいながら、脂汗をにじませ、苦しむようすはただごとではありませんでした。

私と母はおろおろしながら「救急車、呼ぼうか」といいましたが、「そんな大げさなことはするな。みっともない。冷えただけだ」といって、父は炬燵《こたつ》に潜りこみました。

心配しながらも、まさかそんな大事になるとは思わず、かかりつけのお医者さまに往診をお願いして、注射を打ってもらうと、父は「楽になったやぁ」といって、静かに眠ったようでした。

しかし、私はなぜか怖くて、不安で、父のそばにいたくありませんでした。

結納を間近に控え、その日も彼が来ていたので「お父さんに挨拶を……」という彼を「いま、休んだばかりだから」と制して、ふたりで二階の私の部屋に行きました。

彼と私はそこで結納の段取りなどを話していましたが、しばらくすると、突然、家が揺れるほどの強い風が吹き、同時に私は両肩をつかまれたような感覚を覚えました。肩をつかんだそれは、私を揺さぶりました。

「何、この風……！」

思わず、彼のほうに身を寄せると、

きました。

「風なんて吹いてないよ」

といいます。

「体が……揺れたよ」

私がそういいおわらないうちに、階下から「愛子、愛子ッ!」と叫ぶ母の声が聞こえてきました。

その声だけで、私は父の死を察知しました。

階段を駆け降りると、母は隣のおじさんを連れて戻ってきたところでした。おじさんは父に馬乗りになって人工呼吸をしてくれていました。何回も、何回も……。

私は「父が息をしていないんです」と泣きながら一一九番に連絡をしました。

しかし、救急車が到着したときには、父はもうすでに亡くなっていたのです。

母はショックを受けながらも、出かけたまま帰ってこない弟のことを心配していました。

「お父さんがこんなときに……。早く探して」

というので、私は心当たりに電話をしてみましたが、どこに行ったのか、わかりません。

いつものように深夜まで帰ってこないのかと思いながら、表通りまで出てみました。

すると、目の前にタクシーが止まり、弟が出てきました。

安堵と悲しみでその場にしゃがみこもうとした私を、弟は抱えるようにして家に入りりました。

「なんだか、どうしても家に帰りたくなってタクシーに乗ったんだ。姉ちゃんが泣いて立っているのを見て、お父さんが死んだんだとわかったんだ。……不思議だよな」

といいます。

不思議なことは、ほかにもありました。

私の叔父、父の末の弟が近くに住んでいるのですが、その仕事場兼自宅の玄関にある、一年以上も点《つ》かないままだった門灯が、その夜、突然、点いたのだそうです。

父はいつも歳の離れた末の弟のことを気にかけていました。

そして、あの夜、風の音を聞いたのは、私ひとりだけで、いっしょにいた彼にも、階下にいた母にも聞こえなかったということでした。

けれども、私の耳からは、あの風の音が長いあいだ離れませんでした。

私には父の死がわかっていたのかもしれません。だから、やみくもに怖くて、父のそばにいられなかったのかもしれません。

そんな私を父は怒っていたのでしょうか。

それとも、いつも仕事でいない父のかわりに、子供のころから母の相談相手になっていた私に「あとを頼む」といいたかったのでしょうか。

数年経ってからのことです。

二番めに授かった子を、私の不注意から流産してしまいました。

その後、四〇度を超す高熱で寝込み、何日かして、床上げしてからも微熱が下がらないという状態が一ヵ月半ほど続きました。

夜になり、布団に入って目を閉じると、頭の先のほうから、モヤッとしたものが絶え間なく迫ってくる気配を感じ、「私、死ぬのかなあ」と思うようになりました。

そんなある日、夢を見ました。

糸が切れて風に漂う鯉のぼりのように、天にも昇らず、地にも落ちないで漂う私を、空に浮かぶ雲の上から父が手招きするのです。

満面に笑みを浮かべ、「おいでおいで」をしています。

私はバタバタともがきながら、父のところに行こうとしました。

ところが、私の足に縄をかけて引きずり下ろそうとするものがあります。下を見ると、叔父がものすごく怖い顔をして、私を下ろそうとしているのです。私は父のところに行きたかったのですが、叔父の力に負け、とうとう落ちてしまいました。

不思議なことに、この夢のあと、私の微熱は下がり、元気な体に戻っていったのです。

私は父にいちばんかわいがられていたから、呼びに来たのかもしれません。

最近は、あの夜ほどの寒さにあうこともなくなり、風の音も、父のことも思い出すことが少なくなりました。

もう忘れてもいいでしょうか、お父さん。

足音だけの来訪者――影林みよ子（三十七歳）

「あ、また電話。今日はやけに電話の多い日ね」

真利枝さんは少し疲れた表情で受話器に手を伸ばしました。

私は分厚い伝票のファイリング中で、手が放せません。

すみませんという顔で真利枝さんを見ると、「大丈夫よ」と軽く手で合図を送ってきました。

「はい、カワニシ白舎でございます。いつもお世話になっております。申し訳ございません。青木はただいま外出中ですので、私でよろしければ、ご用件を……」

アナウンサーのように歯切れよく、ていねいで親しみやすい真利枝さんの声が事務所に流れました。

例年は三人で行なっているという年度末の業務を、今年はふたりでこなさなければならないので、息をつく暇もありません。

昨年の十月に女子従業員がいっせいに辞めて、残ったのは真利枝さんだけという状況で、十一月に採用されたのが私でした。

「少数精鋭だから」という社長の都合のいい言葉とは裏腹に残業は多いし、おまけに時給という割の悪いこの仕事場に、真利枝さんがいなければお手上げでした。

真利枝さんは営業、経理、事務となんでもこなしていた、できる人です。

日中、男性社員は営業に出かけてしまうので、相談する相手もなく、真利枝さんがいなかったら、私はどうしようもなかったと思います。

お昼休みになってやっと一段落し、しばらくのあいだお茶を飲みながら休んでいると、

「トントントン……」

ゆっくりですが、リズミカルに表階段を上がってくる音が聞こえてきました。

「あれ？　今日は早いですね、もう帰ってきたのかしら？」

表階段から聞こえてきた足音は、しかし、途中でふいと消えてしまい、そのかわりのように、裏階段を勢いよく駆け上がってきたのは営業の馬場さんでした。

「お帰りなさい、馬場さん」

「はいよ。ただいま」

「さっき表階段を上がりかけて戻ったでしょ？　何か忘れ物？」

何気なく馬場さんにそう尋ねましたが、

「えっ？　帰ってすぐに裏階段から入ってきたよ。オレじゃないなあ。客じゃない？」

という答えでした。

この会社は、平屋から増改築しているので、おかしな場所に階段がふたつありました。ひとつは一階の店舗を入った正面にある表階段、もうひとつは裏口の横に増設された車庫のなかに隠しドアがあり、そこを開けると階段になっています。登りきると、物品庫があって、隣が事務所です。営業マンは普段、この裏階段を使うことが多いのです。

「でも、たしかに表階段を上がってくる足音がしたんだけど……」

私が独り言のようにいうと、真利枝さんは何もいわずに静かに笑っていました。

「また、来たんだ……あいつ……」

自分の二の腕を抱えこみながら、馬場さんは少し身震いしています。

なんの話だかわからない私は、馬場さんのようすを横目で見ながら、真利枝さんに、

「何？　なんの話？」

と聞きましたが、真利枝さんは相変わらず、落ち着いた顔で笑っています。

そのとき、社内最古参の営業係長の渡辺さんが、裏階段のほうからひょっこり顔を出しました。

「ナベさん、また来たってさ。勇馬が……」

そういう馬場さんの顔は青ざめて見えました。

しかし、渡辺さんは、

「ほう、来たか。しばらくぶりだ。平日の昼間は珍しいな……」

と飄々《ひょうひょう》とした顔をしています。

いったい何の話だかわからずにいた私に、その日の仕事が終わったあと、渡辺さんが話をしてくれました。

三年前、社員だった営業マンが交通事故で亡くなったというのです。仕事に情熱を持ち、何事も真剣に取り組む人だったといいます。

「いまだにやりかけの仕事を片づけに来ているんだろうな」

渡辺さんはそういいました。

それにしても、あの足音を私といっしょに聞いたはずの真利枝さんは、どうしてあんなに冷静でいられるのだろう、と考えて、「あっ」と思い当たりました。

真利枝さんの彼、三年前に交通事故で亡くなったと話していました……。

彼岸《ひがん》に行かれずにいる夫

──大月孝子（七十四歳）

夫が急に亡くなったとき、私はまだ若く、娘も十一歳になったばかりでした。いま思い出しても、何もできず、ただおろおろしていた自分の姿が浮かぶばかりです。母に連絡をしてくれたのも、娘でした。

来客への対応、葬儀屋さんとの話しあいなど、すべて母がしてくれました。お通夜から葬儀まで、自分が何をしていたのか、はっきりとは思い出せないくらいです。

型どおりの葬儀をすませ、「何か食べないと体がもたないから」と母にいわれ、出前のうどんを目の前に置いてもらっても、私はぼんやりしていました。

促され、箸を手にしたときです。

急に目の前が真っ暗になったかと思うと、背後に何かの気配を感じました。振り向くと、白い着物を着た夫が静かに手招きしていました。

それを見たとたん、私の体はぐらりと揺れ、お膳の上に突っ伏してしまいました。母と娘が驚いて抱き起こしてくれましたが、そのときには夫の姿はなく、激しい頭痛と吐き気がしました。

翌日になっても体調の戻らない私に娘が付き添ってくれて、病院に行きました。

私が亡くなった夫の姿を見たことを話すと、先生は「よっぽど悲しかったんだね」と薬を処方してくれました。

しかし、その夜にも異変は起こったのです。

頭痛は治まらず、早めに床に入ったのですが、頭のなかが「ぐゎん……ぐゎん……」と痛み、なかなか寝つくことができません。

何時ごろだったでしょうか。

頰のあたりに、これまでに感じたこともないような奇妙な生暖かさを覚え、ふと目を開けると、枕もとにぼんやりと白い影が見えます。それはまぎれもなく、葬儀を出したばかりの夫の姿でした。

私は鳥肌の立つ思いでしたが、思いきって、

「ねえ……」

と、声をかけてみました。

すると、夫の姿は「スーッ……」と、消えていったのです。

次の日の朝、夜中にあったことを話すと、娘は心配して、「もう一度、病院に行こう」と、いいます。

半ば引きずられるようにして診察を受けに行き、「夜眠れるように」と精神安定剤を処方されました。薬をもらったとき、自分はノイローゼなのかと思いましたが、そんなことではすまされない、何かが起こっているのです。

病院の帰り道、娘と別れて、買い物をしましたが、夕暮れになって薄暗くなってくると、曲がり角ごとに白い影が見えます。

どうしても気になったので、お寺さんに相談に行きました。

すると、住職さんは、

「ご主人はあなたのことが心配で彼岸に行かれないでいるのですよ。毎日、あなたがお念仏をしっかり唱えてください」

といいます。

私はその日から毎日、時間があれば、「南無阿弥陀仏」と唱えつづけました。

百箇日をすぎたころから、頭のなかがすとんと軽くなりました。

そして、三回忌を迎えるころには、すっかり元気になって、働こうと思うようになっていました。

職場は楽しく、私は夢中で働きました。

しかし、そんな平穏な日々も長くは続かなかったのです。

ある日、仕事の帰りに駅前のパン屋さんに立ち寄りました。雑踏のなかでしたが、私は強い視線を感じ、ふと振り返ってみました。

と、同時に、

「孝子……」

と、耳もとで私を呼ぶ声がしました。

びくっと体を硬直させ、目を上げると、そこには夫が立っていたのです。

夫はすぐに消えていきました。

それからというもの、夫は毎日のように現われました。

毎日、毎日、十七年間も現われ、そして、いつのまにか去っていきました。

いま、私は七十四歳になっています。夫が亡くなってから、すでに三十五年の月日が流れました。

私は夫を愛していました。

でも、霊となると、なぜ、あれほどまでに怯えてしまったのでしょうか。

私もそろそろ人生の終わりに近づいてきています。天国で夫と再会したとき、彼はどんな表情を見せてくれるでしょうか。

年老いた妻に、昔のように大きな声で「孝子」と呼びかけてくれるでしょうか。

第五章　怨霊が潜む歪んだ空間

乗ってはいけないエレベーター――石井　崇（二十六歳）

大学の先輩のアキラさんが入院したとき、僕はすぐに病院に向かいました。心配して駆けつけたわりには、アキラさんは元気で、一週間もすれば退院できるだろうということでしたので、ホッとしましたが、このとき、頼まれ事をしてしまったのです。一カ月ほど前、おなじ大学のヨシノブさんにお金を借りていて、返す約束の日が今日だというのです。

僕は先輩のかわりに返しに行くことになりました。

これから、何が起こるのかも知らないで……。

大学でヨシノブさんといえば知らない人はいないくらいに有名な人物でした。テレビでしか見たことのないような高級車に乗り、いつも取り巻きを従えて闊歩している人です。

アキラ先輩に書いてもらった地図を片手に探し当てたヨシノブさんが住むというマンションの前で、僕は思わずため息をつきました。

「すごい……」

とうてい大学生では住むことができないような流行のデザイナーズマンションが、彼の住居だったのです。

当然、オートロックでした。

部屋の番号を打ちこみ、呼び出しボタンを押すと、「ピンポーン」と小気味よい音が響きました。

しばらく待ちましたが、応答がありません。

もう一度鳴らそうと、ボタンに手をかけたとたん、

「はい、どうぞ」

女性の声がスピーカーから流れ、表のドアがゆっくりと開きました。

〈ヨシノブさんは一人暮らしだって、先輩はいってたけどなあ……〉

少し疑問に思いましたが、そんなことを詮索する必要もないので、僕は気にせず、エレベーターに向かいました。

ヨシノブさんの部屋は八階の八〇七号室です。

エレベーターのところに行くと、そこには張り紙がありました。

『乗らないでください。何か起きた場合、責任を負いかねます』

奇妙な文章でした。

故障なら「故障中」と書けばいいものを、これだと、エレベーターに乗ったら、故障以

外の何かが起こる……そんな感じがします。

しかたなく、階段を使って上がっていきました。

「八〇七、八〇七……」

つぶやきながら、進んでいくと、その部屋はすぐに見つかりました。

しかし、なんとなく変な感じがします。落ち着きません。

その階はヨシノブさんの部屋を除いてすべて空き家らしく、ドアのノブにガスやら電気やらの取り扱い説明書のようなものがぶら下がっていたのです。

駅が近く、プライバシーもしっかり守られるうえ、眺望も素晴らしいのに、不思議でした。

このときから、僕のなかでは、

〈早く……早く……早く……〉

と、第六感が騒ぎはじめ、逃げ出したいような気持ちになっていました。

チャイムを鳴らしました。

「すみません。アキラ先輩のかわりにお金を返しにきました」

声をかけると、数秒の沈黙のあと、ドアが開きました。

「ヨシノブ……さん？……」

一目見たとき、それがヨシノブさんだとはわかりませんでした。

頬がこけ、うつろな目を見開き、口からよだれのようなものをたらしている男の人の額に特徴的なほくろを見つけて、やっと本人であるとわかったくらいでした。

「アァァァァーッ！　出ていけぇ！　帰れぇぇぇ！」

僕の顔を見るなり、ヨシノブさんは叫び、「ダン！」とドアを閉めてしまいました。

あの温厚なヨシノブさんだとはとても信じられませんでした。

彼がドアを開けたとき、異臭がしたと思ったら、僕は息苦しくなっていきました。体が変です。息切れが収まらず、体がやけに重いのです。

僕は預かってきたお金をポストに放りこむと、急いでエレベーターに乗って一階のボタンを押しました。

「クゥーン……」

目の前でドアが閉まりはじめたとき、あの張り紙のことが頭をよぎりました。

「まさかな……」

ところが、ドアが閉まったまま、エレベーターは一向に動こうとしません。まるで、その場所を好んでいるかのようです。

パニック状態に陥りつつあった僕は、狭いエレベーターのなかを動きまわりました。

すると、異様な臭いが漂ってきたのです。鼻につくきなくさい臭い、そして、息苦しいほどの熱気も流れてきました。

ドアのスリットから外を窺いました。

すると、ヨシノブさんの部屋のドアの隙間から靄のような白いものが噴き出してきていました。それは、どんどん充満しはじめ、一瞬で視界がきかなくなりました。

と同時に、

「チーン……」

と音がして、エレベーターのドアが開いたのです。

激しい熱と臭いが僕の正気を奪い去ってしまいそうでした。エレベーターから飛び出して階段に逃げたいと思いましたが、得体の知れない白いものに覆われた廊下は数センチ先も見えません。

夢中でエレベーターの「閉」ボタンを押そうとしたとき、

「ザッ……ズザッ……ズズザッ……」

と、不気味な音が聞こえてきました。廊下の向こうから何かが這ってくるような音です。

「ヨシノブさん……？」

反応はありません。

全身を硬直させたまま、見えない空間を凝視していると、目が慣れてきたのか、ぼんやりと人影が目の前に現われました。

それは……真っ黒で、目だけギョロッとさせた性別不明の人間でした。

「うわっ！」

恐怖に耐えかねて、思わず声を発してしまい、両手で口を塞《ふさ》ぎましたが、そいつは僕の声に気づき、じっとこちらを見て、ニヤリと笑いました。

「ザザザザザザア……」

音が迫ってきたとき、やっとエレベーターのドアが反応して閉まりはじめました。

その後、どうなってしまったのか、記憶がありません。

気がついたとき、病院のベッドに寝かされていました。

ヨシノブさんが亡くなったと聞いたのは、それから一週間後のことでした。

いまでも、エレベーターに乗ると、あのときの光景が生々しく甦り、ドアが閉まる直前に聞いたあの声が聞こえてくるような気がするのです。

「タ・ス・ケ・テ・ヨ……」

女子寮三〇七号室の怪

——村松えり（三十四歳）

そこは高校三年生のときに、かなり適当に決めた短大でした。

自分の成績でも無理せずに行ける学校で、実家のある町から少しでも離れていれば、それでよかったのです。生まれた町や家族が嫌いということではなく、早く独立したかったのです。

それだけで決めた学校だったので、たいして調べもせず、試験を受けに行ったとき、初めて学校と周囲の環境を目のあたりにしました。

ど田舎でした。少し後悔しましたが、結局、私はその短大に通うことになりました。

実家からは通えないため、寮に入りましたが、寮のまわりには何もありませんでした。樹々が生い茂っているだけのだだっ広い土地は、夜になると、建物だけを暗闇に浮かび上がらせて、妙に不気味な雰囲気になりました。

学校が始まると、友達もでき、学校にも寮にもすぐに慣れました。

そんなころから、ちょくちょく噂は耳にしていました。

「この寮にはおじさんの幽霊が出る」という話です。

その日、夕食を終え、お風呂もすませて、ひとりでぼんやりテレビを見ていました。ちょうどドラマが始まったときに電話が鳴りました。

「もしもし、久しぶり」

「あー、久しぶり。どうした？」

「別に用事があるわけじゃないんだけど、元気にしてるかなと思って」

「元気、元気。キヨは最近どうよ？」

キヨちゃんは高校時代の同級生で、実家から通える別の大学に進んでいました。

キヨちゃんとゆっくり話したくて、私はテレビのボリュームを無音に近いくらいに落としました。

キヨちゃんは実家から大学に通っているので、「私も一人暮らしのできる大学を選べばよかったな」などといいながら、私の寮生活について、いろいろ知りたがりました。

ですから、おもしろい話をしてあげようと思って教えたのです。

「この寮、おじさんの幽霊が出るらしいよ」

「うわぁ、ありがちだよね。そういう話。寮にはつきものなんじゃないの？　何かあったら、彼氏に守ってもらえばいいんだし」

「彼氏がいればでしょ？　いい男には、まだお目にかかってないよ」

「またまた、そんなこといって。でも寮には男の人も入れるの？」

「いや、入れないよ。ここなぜか厳しいの。彼氏ができても連れて来られないよ」

「ウソばっか。いまも近くに男の人、いるでしょ？」

「何いってるの。部屋にひとりだよ。彼氏がいたら、キヨの電話になんか、出ないよ」

そんな他愛もない話をしていたのですが、キヨちゃんは急に妙なことをいいました。

「だって、さっきからずっと、男の人の声が聞こえてるけど……」

「えっ？」

とっさにあたりを見まわしました。

私ひとりです。カーテンを閉めていない窓の外はひたすら真っ暗で、何も見えません。

部屋のなかがガラス窓に映っていました。

「な、何いってるのよ。冗談、やめてよね。部屋にひとりですごく怖いんだから。心臓ドキドキしてるよ」

「いや、ウソじゃないよ」

「テレビの声じゃない？」

といいながら、ゾクッとしました。さっき電話を取ってすぐにテレビの音量は下げたので、部屋にいる自分でさえ、ほとんど聞こえなかったのですから。

「そうかな？　近くにいるように聞こえたよ。だから、すぐそばにいるんだろうなって」

私の？　すぐそばにいる？

その日から少しずつ奇妙なことが起こるようになりました。

夜遅く、寮の友達と部屋に集まっておしゃべりをしていると、窓の外を人が横切っていきます。一歩、一歩、男の人がゆっくり歩いていくのが見えました。消える瞬間に少しだけこちらに向いた目が、私の目と合いました。怒りに満ちた目……。

部屋の明かりで、外はほとんど見えないはずなのに、その男だけはやけにはっきり見えました。

しかし、三階にある私の部屋の外を通りすぎるなどということは、初めから不可能なのです。

そして、そこにいた誰ひとりとして、男の姿を見た人はいませんでした。

ずっと、誰かの存在を感じながらの生活が続きました。

ある日、夢を見ていました。

私は友達とふたりで電車に乗っていました。窓から太陽の光が車内に差しこんできています。

電車は一定のリズムを刻んで走り、隣に座っていた友達がうとうとしはじめ、私の体にもたれかかってきます。その体はどんどん重さを増し、私の体にのしかかってきました。私はあまりの重さに耐えられなくなり、座席に押し倒されました。

その瞬間、車内が真っ暗になります。トンネルに入ったようです。

座席の上に仰向けに倒れた私の上に、友達がさらに覆いかぶさってきました。重い……、とてつもなく、重い……。

押しのけようとしても、体はまったく動かず、苦しくて息もできません。

見るともはや、友達でない物体が目の前の視界を遮りました。

視界が真っ暗になったところで、目が覚めました。

「イヤアアア……」

目の前いっぱいに、人の顔がありました。

必死に叫んでいるのに声にならず、体はまったく動きません。

私の顔のすぐ前には、怒りに満ちて目を血走らせた男の顔があります。

触れるほど近くにある、怒りに満ちた目から逃れることができません。どんどん迫ってきます。

瞬《まばた》きさえできない私の目から涙が溢れました。

〈助けて、助けて！　殺される。目をそらさなきゃ……。目を閉じなきゃ！　目を……〉

頭が割れそうに痛み、目が覚めました。

薄く目を開けてみると、いつもの自分の部屋です。

体じゅうの筋肉が悲鳴をあげ、私はまるで棺桶に入れられていたように、腕も足もぴったりつけたまま、横たわっていました。

その後、私の話を聞きつけた友達が真っ青な顔をして教えてくれました。

この寮には、昔から男の幽霊が出る……。ただし、見えるのはある部屋の住人だけで、毎回その部屋に入った子は奇妙な体験をし、精神的におかしくなった子もいるということでした。

その部屋の番号は三〇七号室。私の部屋でした。

それから卒業するまでは何事も起こらずすごしましたが、いま考えても、あの血走った目を見つづけていたら、そのまま連れて行かれたのではないかとゾクッとします。

三〇七号室の住人になった子たちがどんな体験をしたか、どうなったかなどは知りたくないけれど、いまでも、誰かがあの部屋で悲鳴をあげているかもしれません。

その子たちの無事を祈るばかりです。

塩のコケシで埋め尽くされた部屋

――濱田ヒロシ(二十四歳)

会社が倒産し、アルバイトをしながら再就職を目指すことになった私は、家賃が払えなくなり、一人暮らしをしている友人のマンションに転がりこみました。

その日の夕方、アルバイトから帰る途中で、手押し車を押してゆっくり歩いているおばあさんを追い越したのですが、そのおばあさんがおなじマンションの隣に住んでいると知ったのは、数日後のことでした。

それから、何度も手押し車にスーパーの買い物袋を入れて押しているおばあさんに会いました。手押し車に両手でつかまり、下を向いているので、顔がよく見えません。

「ゼーゼー……」

と、苦しそうに息を切らしていました。

何を運んでいるのかと、追い越しざま袋の中身を見てみると、全部「塩」なのです。量販店で売られている、ひとつ一キロの塩の袋が大量に入っています。これでは重いはずです。手伝ってあげようと、声をかけ、袋に手をかけようとすると、おばあさんは、

「アー」

と、うめき声をあげました。

明らかに拒否の意思を感じたので、後ろに下がると、おばあさんはそのまま歩いていってしまいました。

その日から、何度見かけても、おばあさんの手押し車のなかは塩でいっぱいでした。

やがて、私のアルバイトが時給のいい深夜の時間帯に移ってからは、おばあさんに会うこともなく、いつしかすっかり忘れてしまっていました。

そんなある日のこと、マンションの管理人さんがやってきました。隣のおばあさんと連絡がつかないので、何か知らないかと聞きに来たのです。

そういえば、もう長いこと、姿を見ることもありませんでした。

なにしろ高齢ですから、管理人さんも気になったらしく、もしものことを考えて、部屋に入ってみることにしたようです。マスターキーを使って、部屋のドアを開けました。

「うわっ！」

玄関の前に呆然と立ったまま、管理人さんが声をあげました。

私もすぐ後ろからなかを覗いてみると、なんと部屋じゅうに無数の真っ白い大きなコケシが並んでいるのです。玄関、居間、台所、風呂場、トイレ……いたるところに塩でできたコケシが置かれていました。

大きいものは太ももの高さくらいあり、小さいものは手のひらくらいの大きさです。

管理人さんがおばあさんの名前を呼びながら、探しはじめたので、私もいっしょに探してみましたが、その姿はどこにもありません。ただ、風呂場の排水口あたりに衣服が脱ぎ捨てられているのが、なんとなく不気味でした。

その夜、友人にそのことを話すと、彼はしばらく不思議そうに聞いていたのですが、突然、トイレに駆けこみ、吐きはじめました。

そして、戻ってくると、口を手で拭いながら、

「オレ……浄水器買ったんだよ」

といいます。

何のことかわかりません。

「最近、水が塩っ辛いから……」

「まさか、関係ないだろ」

「おまえ、排水口に服があったといったろ?……浮かんだんだよ、頭に……あのばあさんがナメクジみたいに溶けて、排水口に流れていくようすが……」

突飛な想像に驚いて、「なに、バカなこといってんだ」と落ち着かせると、彼の話を聞きました。

最近、部屋の排水口からかすかに声がするといいます。

深夜のバイトで食事も風呂もバイト先ですませて帰る私は、友人ともすれ違いで、そんな出来事はいっさい知りませんでした。

その夜は、もちろん眠れるはずもなく、部屋じゅうの電気をつけて、ふたりとも毛布をかぶり、じっとしていました。

午前一時をまわったころです。

「アー、クック、クック……」

排水口から人の声が聞こえてきました。

友人に「この声か?」と目で問いかけると、彼は黙って頷きました。

それは間違いなく、人の声でした。そしてよく聞くと……笑っているのです。

「ククククク……ククククク……」

友人の表情で、いつもとようすが違うことがわかりました。

全身に寒気が走り、とても部屋にいることはできなかったので、ふたりはすぐに外に飛び出しました。

すると、マンションのどの部屋からも次々に人が出てきました。なかには泣いている女の人もいます。みんな、おなじ声を聞いたのです。

このことは、すぐに近所じゅうに広まり、「幽霊マンション」だと噂されるようになりました。マンションの管理会社は、おばあさん不在のまま、家賃滞納を理由に賃貸契約を解除し、部屋のものをすべて運び出しました。もちろん、大量の塩も。

すべては、誰かの悪質ないたずらだったのかもしれない、そう思いはじめた矢先、おばあさんの部屋を掃除していた人が、風呂場の排水口にねじこまれた足を発見しました。

それは、足首から上を切断されていたそうです。

「やっぱり、塩で溶けて排水口から流れたんだ。足は溶けきれずに残ったんだ」

友人は冷静にそういいました。

数日後、鑑定の結果、やはり足はおばあさんのものだとわかりました。

マンションの住人はほとんど引っ越していき、私もすぐに出ることにしましたが、友人はそのまま残るといいます。

そして、しばらくすると、彼とはなぜか連絡が取れなくなってしまったのです。

私は友人を訪ねてみることにし、あのマンションに行ってみました。

ドアの前に立つと、彼の楽しそうな話し声が聞こえてきます。チャイムを鳴らしましたが、彼は出てきませんでした。誰か来ているのかと思い、表にまわって窓からなかを窺ってみましたが、友人以外、誰もいません。

私は、そのまま帰ることにしました。

けれども、いまでもひとつ、気にかかっていることがあります。

それは、彼の話し声のなかに「おばあちゃんは……」という言葉があったことです。

この日を境に、彼とは会っていませんし、いったい何が起こったのか、いまでも何もわかっていません。

親友の死から始まった怪奇――八木彩恭華（四十六歳）

二十年ほど前の話です。

その日、私は有給を取って仕事を休み、昼すぎまでぐっすり眠っていました。

ぼんやりしたまま、リビングに降り、テレビをつけると、ちょうどお昼のワイドショーが流れていました。見るともなしに眺めていると、どこかで見たことのある風景が映っています。見覚えのある玄関とその隣にある曇りガラスの向こうにペアのゴルフセットのシルエットが映し出されると、思わず「あっ」と声をあげました。

表札にはモザイクがかかっていましたが、私には「豊川」としっかり読めました。

「仲のいいご夫婦で、奥さんはおとなしい方でしたよ」

近所の人がインタビューに答えています。

「閑静な住宅街に住む三十代の主婦が、なぜ屋上から飛び降り自殺を図ったのか……」

レポーターの声が続きます。

その家はまぎれもなく、私の学生時代からの親友B子のものでした。

他の手段が思い浮かばなかった私はテレビ局に電話をし、彼女との関係を伝えたうえで、詳細を教えてもらうことができました。

B子は五月に男の子を出産したばかりでした。

しかし、その子は浴槽で死亡していて、その直後に飛び降り自殺をしたらしいというところまで聞くことはできました。

それ以上の詳しい動機などは、不明ということです。

私はその場に座りこむほどの衝撃と後悔の念に駆られていました。

三日前の金曜日、B子から電話がかかってきていたのです。私はちょうど入浴中で、母が電話を受けたのですが、「折り返し電話するから」と伝言してもらったまま、すっかり忘れてしまっていたのでした。

疲れていたとはいえ、あの夜、私が連絡しておけば、B子は死ななかったのではないかという思いだけが頭のなかを駆け巡っていました。

何度か流産を繰り返したのち、やっと子供を授かったのに、B子はご主人とのあいだに問題を抱えて悩んでいたのです。彼の浮気について幾度か相談を受けていました。

数日間、暗い気持ちのままますごしましたが、そのころから私の体に微妙な変化が表われるようになったのです。つねに頭が締めつけられているような感じがあり、肩は重く、何かが乗っかっているような違和感が取れません。

そのころ、数年ぶりで以前勤めていた会社の先輩と会うことになり、最寄りの駅の改札口で待ち合わせをしたのですが、私の顔を見るなり、先輩は「見てもらおう」といって、ある霊能者のところへ向かいました。

先輩には私の後ろに女性の影が見えたというのです。

霊能者は私に、三つのことを守るようにいいました。

ひとつはB子の住んでいた町に近づかないこと。ふたつめはB子のご両親との連絡を絶つこと。そして、B子の墓参りに行ってはいけないということでした。

私はこのとき、その話をあまり真剣に受け止めていませんでした。

ですから、B子のご両親に連絡しないこととお墓参りに行かないことは守りましたが、B子の住んでいた町には友人も多く、買い物にも便利だったので、それからもときどき出かけてしまったのです。

そんなある日、私は彼とケンカをしました。

出張に行く彼について行く約束をし、その前日、確認の電話までしていたのに、彼が約束の場所に現われなかったのです。携帯もつながりません。しかも、彼の職場に電話をしてみると、出張には二日前に出かけたといいます。

裏切られた？

もしかしたら、別れたいのかもしれない？

そう思いはじめると、それはどんどん確信のようなものに変わっていってしまいました。

夕闇が迫るころになって、どうしても気持ちの収まらなくなった私は、酒屋に行って三本のワインを買ってきました。飲めもしないお酒を飲んで、まぎらわせたかったのです。

私は、そのとき、自宅に戻らず、そのままマンションの屋上に上がりました。

何杯のワインを飲んだか覚えていませんが、気がつくと、柵の向こうにB子がいて「おいでおいで」をするように手をヒラヒラとさせています。

私はもう、どうでもいいような気持ちになっていました。

ここから飛び降りたら、彼はどう思うだろう？　一生、私のことを忘れられなくなるだろうか？

そんなことをぼんやり思いました。

そして、ふらふらと柵のほうに歩いていったそのとき、いきなり、背後から「ドン！」と強い力で押され、私はその場に倒れこみました。

そして、たしかに聞いたのです。

「……いっしょに……行こう……」

という声を。

気がついたとき、私は病院のベッドの上にいました。

心配そうに取り囲んでいる人たちのなかに、先輩と彼の顔もありました。私はワインを飲んで、先輩に電話をしたようなのです。まったく覚えていないのですが。

聞けば私は、マンションのひとつの柵を越えたところに転がっていたそうです。柵はもうひとつあり、そこを越えていたら、私はこの世にはいなかったでしょう。

そして、彼は裏切ってなどいませんでした。

二日前に出張に行ったというのは会社の人の勘違いで、約束の場所には電車が遅れて間に合わなかったこと、そのうえ、携帯も落としてしまったという不運が重なっただけでした。

けれども、あの声を聞いた私は思うのです。

その不運さえ、B子が演出したものではなかったのかと。生前に話を聞いてあげられなかった私を呼んで、いろいろなことをしゃべりたかったのではないでしょうか。

私の胸にはいつも十字架のネックレスがあります。一年前、他界した父の形見ですが、父が守ってくれたのでしょうか？

父に感謝しつつ、人のアドバイスはきちんと聞かなければと感じる経験でした。

いつか、B子が本当にこの世の未練を消化したとき、ゆっくりお墓参りに行けるといいのですが。

霊の通り道――尾場佳香（三十二歳）

昔から私の実家には、「何か」がいました。

何かがいたというのは、適切な言い方ではないかもしれません。それが何なのかわからないし、見えるわけでもないからです。

それでも、私は自分の家に普通とは違うものがいると感じていました。

居間でうたた寝をすると、隣で誰かがぐるぐる歩きまわったり、テレビを見ていると、後ろにぴったりくっついてくる誰かの気配を感じたりしていましたから。

そんなことが日常的に起こるのに、家族は何も気づいていないようで、そのせいか、私は病気がちで精神的に不安定になってしまうことも少なくありませんでした。

いつかこの家を出なければ。

そう思うようになっていました。この家を出なければ自分はダメになってしまう、そう思いつづけ、成人した私は、ついに一人暮らしを始めることにしました。

初めての一人暮らしは、快適にスタートを切りました。夜はぐっすり眠れるし、何かの気配に怯えることもありません。そんな当たり前の生活はうれしく、病気がちだったのがウソのように、だんだん健康を取り戻し、すべてが順調に進んでいきました。

ところが、数カ月が経ったころ……。

私は再び「何か」を感じるようになってしまったのです。

実家にいたときほど頻繁ではありませんが、ときどき「何か」が家のなかを通っていく気配がします。

〈また……？〉

しばらく不安にさらされましたが、ただ通りすぎる気配を感じるだけなので、私はそのまま放置していました。

そんなある日のことです。

いつになく寝苦しい夜でした。とくに暑いわけでもないのに、汗をかき、熱を計ってみましたが平熱です。体調を崩しかけているのかもしれないと考えて、とにかく眠ろうと、ベッドにずっと横になっていました。

そのとき……。

廊下に続く寝室のドアの隙間から、何か、白っぽいものが「スーッ」と流れこんできました。霧のような、煙のような得体の知れないものでしたが、それがすぐに女性の姿に変わったのです。

赤い振り袖を着て、艶《つや》のあるきれいな髪を肩のあたりで切りそろえたおかっぱがとても似合っています。振り袖とおなじ赤い口紅が白い顔に映え、古風ないでたちとは反対に現代的な顔立ちの美しい人でした。

私は動けないまま、息を呑んで女性を見ていましたが、なかば、その美しさに魅了されたような感じでした。

女性は、体を左右に揺らしながら、ゆっくりゆっくり、私に近づいてきます。

〈怖い……！〉

けれども、体は動かず、目をそらすことも、つぶることもできません。

女性は私の枕もとに立つと、身をかがめて、私の顔を覗きこみました。

極限の恐怖のなかにいながらも、私は心のなかで「きれい……」と思ってしまいます。まさに、蛇に睨《にら》まれたカエルのような状態でした。

その人は顔を覗きこんだまま、ゆっくりこういいました。

「あそこに水を溜めてちゃ、あたいたちが出ていけないだろう？」

その言葉を残し、その人はフッと消えてしまいました。

同時に、体は軽くなり、金縛りが解けました。

私は体を起こすと、その人が入ってきたドアから廊下に出ました。思い当たることがあったのです。

寝室の向かい側には浴室がありますが、いつもは抜いておくお湯を、その日に限って抜き忘れていたことを思い出したのでした。

〈あの人がいったのは、このこと？〉

そう考えながら、浴槽の栓を抜きました。

もうすっかり冷えてしまった残り湯が、ぐるぐると渦を巻きながら、排水溝に吸いこまれていきます。

あの人は「あたいたち」といいました。

そういえば、水と霊は深い関係があると聞いたことがあります。

もしかすると、ここは霊の通り道で、水を溜めていたことで、その通り道がふさがってしまったのかもしれません。

そう考えると、教えてくれたあの女性に感謝しなければならないような気持ちになりました。

反面、もし水を抜かなければ、もう一度あのきれいな人に会えるのだろうか、という思いもありました。それほど美しい人だったのです。

もちろん、そんな無謀な選択はしませんでした。

ほかの「何か」が私の部屋に居つくようになる可能性だってあったのです。

浴槽から水が完全に抜けたのを確認して、私は再びベッドに戻りました。すると、不思議に寝苦しさは消えていて、心地よく眠りにつくことができたのです。

それ以来、風呂の水は必ず抜くようにしています。風呂に限らず、キッチンのシンクやバケツなど、水が溜められるものはすべて水が溜まっていないか、寝る前には必ず確かめるようになりました。

いまは「何か」に悩まされることもありませんが、それにしても、どうして私のところだけ、通り道になってしまうのでしょうか。

もしかすると、ほかにも通り道はたくさんあって、みんなはそれに気がついていないだけなのかもしれません。

いっしょに行こう……――栗田ゆかり(三十二歳)

子供のころから、私には人には見えないものや聞こえないものが、見えたり、聞こえたりしていました。ですから、これまでにたくさんの霊体験をしてきましたが、この話はいちばん恐ろしかった出来事です。

高校三年生のとき、三泊四日の修学旅行で、広島の宮島に行ったときのことです。厳島神社の近くの旅館に一泊しました。その旅館に一歩足を踏み入れた時点から、私はすでにゾッとするいやな感じを受けていました。

宿の部屋はとても広くて、六人には充分すぎるほどのスペースがありました。

夕食後、部屋に戻ると、みんなはお菓子を食べながら、おしゃべりをして楽しい時間をすごしていました。しかし、私だけはなんだか元気が出なくて、体も重く感じられ、先に布団に入ってしまいました。

まだ二日めだというのに、こんなに疲れるのはおかしいと思いながら、目をつぶっていると、突然耳もとでささやくような声がしました。

「いっしょに行こう……」

その低い声が聞こえたとたん、体の自由がまったくきかなくなり、胸のあたりに何かが乗っているような重苦しさを感じました。

しかも、何人かが私を取り囲んでいる異様な空気を感じます。そして、みんなが、

「いっしょに行こう……」

というのです。

まわりでにぎやかにしゃべっている友達に助けを求めようとするのですが、声が出ません。どうしていいのかわからなくて、涙が出そうになったとき、

「バン!」

という大きな音がしました。

バレー部のマユちゃんが修学旅行にも持ってきていたボールで遊んでいて、天井にぶつけたのでした。

その音とともに、体が軽くなり、「助けて……」と、絞り出すような声が出ました。

「クリちゃん、どうしたの?」

みんなはすぐに駆け寄ってきてくれました。

しかし、まだ体が重く、返事をすることができません。

何度問いかけても返事をしない私を見て、「先生を呼んでくる」と、ひとりの友達は部屋を飛び出していき、ほかの友達は私の名前を呼びつづけてくれました。

そのあいだも、「いっしょに行こう」という声は聞こえつづけ、首を絞められているような感触に苦しめられました。

「栗田さん、どうしたの？　しっかりして。返事をして」

駆けつけた先生は、私の頬を叩きました。

そんな光景を不思議なことに、私は天井のほうから見下ろしていたのです。意識が肉体から離れて、空間を漂っているようでした。

「大丈夫、みんな待ってる……」

さっきの低い声が、漂う私に囁きかけます。

〈このまま、連れて行かれるのかな……〉

そう思ったとき、

「まだ、早い」

そんな声がどこからか聞こえてきたと思うと、後頭部に殴られたような衝撃が走りました。そのとたん、肉体に感覚が戻ってきて、深い呼吸ができ、目を開いたのです。

「あ……もう、大丈夫です」

話はできるようになりましたが、先生たちは旅行の疲れが出たのだろうと心配し、保健の先生とおなじ部屋に移るようにというので、友達とは別の部屋に移動することになりました。その部屋には、夕食のときに気分が悪くなった、おなじクラスの川ちゃんが先に寝ていました。

「先生たちは隣の部屋で話し合いをしているから、何かあったら来なさいね」

先生は、そう言い残して部屋を出ていってしまいました。

消灯時間もすぎているので、部屋の電気は消されています。締めきられた窓際の障子の向こう側には外灯がついていて、ぼんやりと部屋のなかを照らしていました。外には川があるのか、水の音が聞こえてきます。

早く朝になることを願いながら、頭まで布団を被って、しっかり目を閉じました。

「……行こう」

またしても、聞こえてきます。

そして、目を閉じているにもかかわらず、窓のところに女の人が立っている気配を感じてしまうのです。

次の瞬間、

「シュッ、シュッ……！」

不規則に空気が抜けるような音が聞こえてきました。

私は布団から顔を出し、薄暗い部屋のなかを見まわしました。

パイプか何かから、もれてくるような音なのですが、それらしきものは部屋には存在しません。

「川ちゃん、この音、何？　起きて、ねえ、起きてよ！」

私は、ぐっすり眠っていてなかなか起きてくれない川ちゃんの肩を揺すって、起こしました。

「あれ、クリちゃん……。いつのまにこの部屋に来たの？」

「そ、そんなことはあとで話すよ。それより、このシュッ、シュッって音、なんだと思う？」

私は耳をそばだてながらいいましたが、川ちゃんはいったいなんのことだかわからないといった怪訝《けげん》な表情をしています。

「シュッ、シュッ……！」

聞こえました。

「ほら、いま、聞こえたでしょ？　この音なんだよ。窓の左のほうから、シュッ、シュッ……って聞こえるでしょ？」

目の細い川ちゃんが、目を見開いて窓際のほうに置かれた鏡台を見つめながら、頷きました。

「怖いけど、何がいるのか確かめたい……。いっしょに、見て」

「いやだよ」としりごみする川ちゃんの手を握りしめ、四つんばいになって、鏡台のほうに向かいました。その間も、

「シュッ、シュッ、シュッ……！」

と、音は続いています。

歩けば、たった五、六歩の距離がすごく長く感じられ、あと一歩というとき、

「シュッ!!」

窓ガラスが震えるほどの大きな音がしました。

「キャー！」

ふたりは飛び上がり、布団に潜りこむと、手をつなぎあったまま、体を硬くしました。

「本物の霊がいるんだよ。私、さっきは首を絞められたの」

私は声を潜めるように、川ちゃんに話しました。

いつのまにか眠ってしまったようでした。

翌朝、保健の先生の部屋にいて、

「ふたりとも手をつないで寝てるなんて、とても仲がいいのね。布団を被って寝てたから、汗かいてたわよ」

先生は笑いながらそういい、ガラス窓を開けました。

すると、そこには山の斜面に面して、お墓がいくつも並んでいたのです。

私はなんとなく、ゆうべのことが納得できたような気がしました。

そして、朝食のとき、ほかのクラスの先生が、

「そういえば、昨日の夜は何かあったらすぐ来られるよう、部屋のドアを開けて寝てたんだけど、夜中に女の人が廊下を行ったり来たりしてね。だけど、朝、見てみると、先生の部屋の隣の部屋には誰も宿泊してないし……、あれ、いったい誰だったの?」

と、話しているのを聞きました。

私と川ちゃんは、

「あれ、……本物だったね」

と、顔を見合わせ、頷きあいました。

あれから十五年経ったいま、この話を書いていると、部屋のなかでは「パン、パン

ラップ音が響いたり、パソコンが急にログアウトしてしまったりします。霊たちは、ほかの人にこの話を知られたくないのでしょうか？

「……！」と、

「は・な・し・た・なぁ……」

――長山加代子（四十三歳）

その日は十三日の金曜日でした。

朝から何やら不吉な予感はしていたのです。胸のなかでざわざわと何かが騒ぎ、得体の知れない黒いものが蠢《うごめ》いている……そんな感じでした。

そもそも、入社当日から、この会社では奇妙なものを見てしまったのです。

総務の人から「ここが食堂よ」と案内された部屋に入ったとたん、体じゅうがゾワッとしました。そして、その壁際に得体の知れない男女がこちらを向いて立っているのを見てしまったのでした。

幼子を抱きかかえた若い女の人、手をつないでいる幼稚園児くらいの男の子とおばあちゃん、坊主頭の男の人もいました。

着ているものはみんな古く、戦争中のような防空ずきんを被っている人、絣のもんぺ姿の人もいました。

「あっ！」

私が小さな叫び声をあげたとたん、壁際の人たちはスッと消えてしまいましたが、総務の人は、

「……見える人には、見えちゃうらしいわね。怖がって辞めた人もいるし……」

といいながら、ため息をつきました。

ですから、いやな予感のする日に出社したくはなかったのですが、仕事ですから、休むわけにもいかず、なんとか出勤し、午前中の仕事は何事もなく終えました。

この会社には本社の工場のほかに「特機」と呼ばれる製品置き場が別棟の二階にあり、出荷待ちをしています。

午後になって、私は梱包をするために「特機」に向かいました。

広い倉庫のなかでは、私が動くたびに「ゴトリゴトリ」と鈍い音が不気味に響きます。

中腰になって製品を箱にしまおうと、うつむいたときです。

少し離れたところに男の人の足もとが見えました。

足音はひとつもしなかったのに、いつの間にか私のそばにいたのです。背広姿でした。

うつむいたままの私には誰なのかわかりませんが、スーツ姿なので、きっと営業の人な

のだろうと思い、ゆっくりと顔をあげました。

薄暗い部屋のなかで、男の人の後ろにある小さな窓から差しこむ光が逆光となって、顔がよく見えません。

しかし、何か変なのです。感じたことのない違和感を覚えました。

男の人の頭上に何か白っぽいものが見え、それが紐だとわかるのに、そんなに時間はかかりませんでした。首に巻きついたような白い紐が天井からぶら下がっています。

男の人はさらに、私に近づいてきます。

私はとっさに顔を伏せ、気がつかないふりをしました。

黒色にテカテカ光る靴が目の前に来たとき、私は耐えられなくなって、男の人に背を向け、逃げ出していました。

息を切らせ、みんながいる部屋に戻ると、同僚の女性をつかまえ、ふたりで別棟に戻りました。が、もうそこには誰もいませんでした。

もちろん、彼女には見たものの話をし、いったい何だったのか、ふたりで思いを巡らしたのですが、まったく見当もつきませんでした。

しかし、これがよくなかったのです。

作業を終え、「特機」を出ようとしたそのとき、いきなり耳もとで低い声がしました。

「は・な・し・た・なぁ……」

あれこそ、まさに地獄から響いてくるような声でした。

思わず、先を歩く同僚にしがみつきましたが、彼女は何も聞こえなかったといいます。

「疲れているから、空耳よ」

同僚はそう慰めてくれましたが、それでは納得できませんでした。

その日は早めに仕事を終え、帰宅したのですが、家の前の駐車場に車を止めて外に降りたとたん、「ごつっ！」という鈍い音とともに、背中に激痛が走りました。

振り返ると、隣に駐車しようとした近所の人が運転する車がぶつかってきていたのです。

幸いにも怪我は打撲傷ですみ、近所の人もきちんと謝罪して治療費を出してくれましたが、不思議なのはぶつかったときの状況です。

「後ろを確認すると、白い服を着た人が車から離れていったので、大丈夫だと思ってバックをした」

というのです。

その日、私はかなり明るいピンクのコートを着ていました。そして、その駐車場には、私たち以外に人影はなかったはずなのです。

一週間休みを取ったあとで、出社しましたが、それからは「特機」に入っていません。

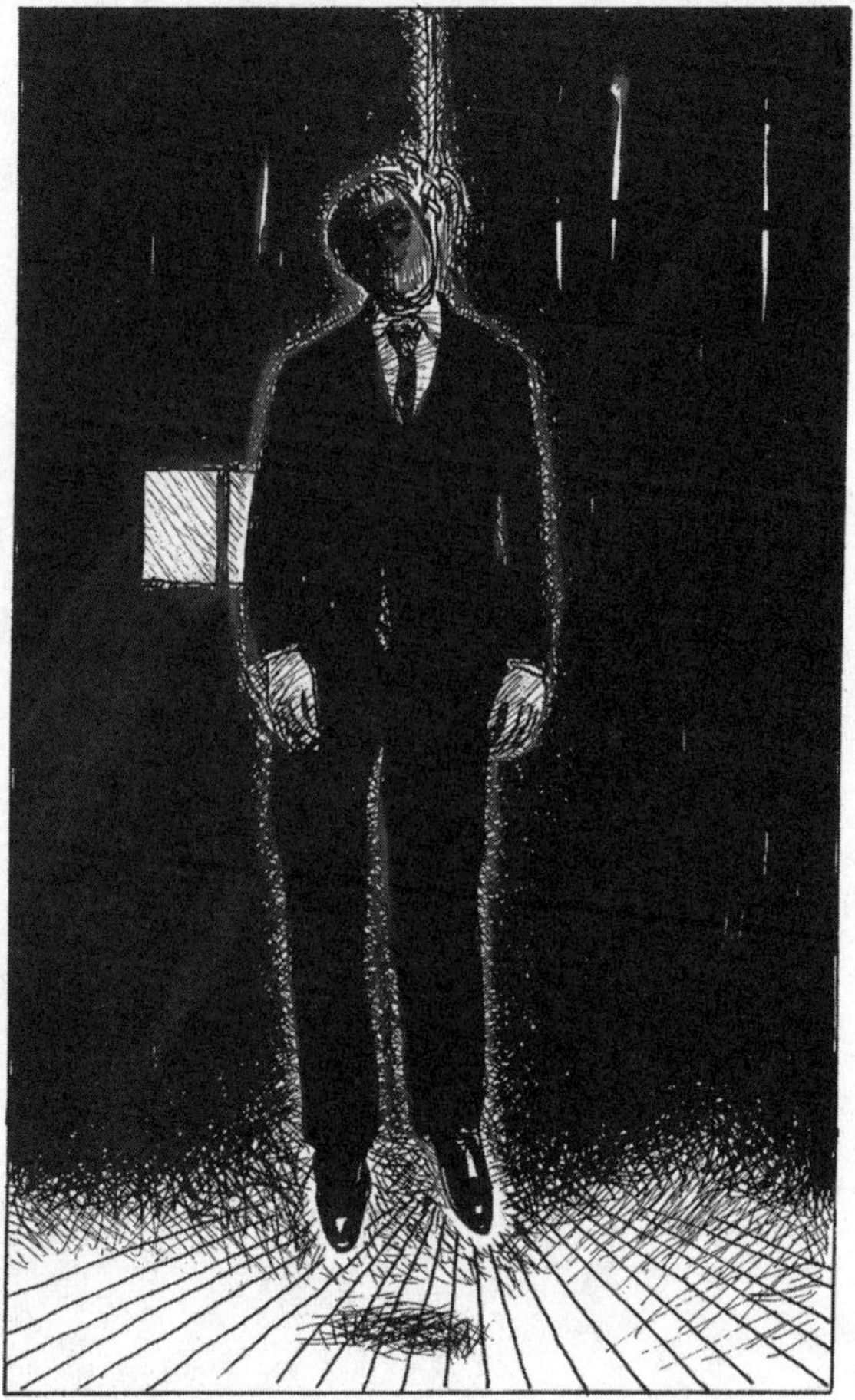

あとで聞いた話ですが、私が入社する前に、取引のあった子会社の営業マンが行方不明になるという事件があったそうです。仕事に行き詰まっていたという周囲の話から、心配した人たちが探しまわり、何日かあとに発見しました。その営業マンは山のなかで首を吊っていたそうです。

私の前に現われたのが、その人だったのかどうかはわかりません。

ただ、首を吊った営業マンは山のなかを彷徨《さまよ》ったはずなのに、靴だけはとてもきれいだったといいます。

まとわりつく生霊《いきりょう》の恐怖――安藤葉子（三十五歳）

血筋なのでしょうか、私は幼いころから霊的な現象に遭遇することがありました。母方の祖父は寺の住職で、母も霊感が強かったと聞いたことがあります。

私がさまざまな体験をしたもののなかでもいちばん怖かったのは、ワンルームマンションにひとりで住んでいたときに起こった出来事です。

あの夜、もう午前二時か三時になっていたと思うのですが、眠っていた私は不快な音に眠りを妨害されました。

「……バリ……バリバリ……」

覚醒してくると同時にいやな予感に包まれました。

竹を割っているような、生木を裂いているような不快な音。それは、私の足もとの玄関のほうから聞こえてきました。この音がするときには、決まって霊現象が起きるのです。それは何度か経験しているので、わかっていました。

私は頭から布団を被りました。

〈私にかまわないで！　あっちに行って……！〉

心のなかでそう念じましたが、

「……バリ……バリバリ……」

という音は玄関からなかに入ってきました。

何が起きるというのだろう。恐怖のあまり、額から汗が幾筋も流れました。

「……バリ……バリバリ……」

音はどんどん近づいてきます。

私は布団の端をグッと握りしめ、胎児のように体を丸くすると、ベッドの隅までにじり寄り、壁に体を押しつけました。

〈来ないで……こっちに来ないで……〉

祈りも空しく、「……バリ……バリバリ……」という音は、私のすぐ横までやってきました。同時に、私の体はピクリとも動かなくなってしまいました。

枕もとの床が軋《きし》んだような音を立てます。

布団を被っていても、何者かが上からじっと私を見ているのがわかりました。その気配を痛いほど感じるのです。

動けないまま、呼吸すらままならなくなりそうな私の耳もとに、いきなり声が聞こえてきました。日本語ではなく、泣き叫ぶ子供のような、ヒステリックに叫ぶ女性のような声です。テープを早送りしたときに聞こえる、意味不明で耳障りな音に似ていました。早口でまくし立てる声のような音には、怒りがこもっていました。

私を震撼させたのは、それが布団越しではなく、耳もとで聞こえることでした。

〈やめて！　やめて！　私には何もできないから、帰って！〉

心のなかで必死でつぶやきますが、耳障りな音は収まりません。

しばらくすると、布団の上から人の手のひらほどの圧迫を感じました。そして、音とともに移動しはじめたのです。

頭、足、耳もと……圧迫感といやな音は私のまわりをまわっています。

それは、背中のほうにもまわりこみ、耳もとで起こりつづけます。私の背中は壁にぴったりくっついているにもかかわらず、ときおり、押されるような感覚が襲ってきました。私のまわりを三回まわったあと、不意に音も気配もなくなりました。

〈いなくなった……？〉

そう思った瞬間、胎児のように丸まっていた私の足首と肘が何者かにつかまれ、ものすごい力で引っぱられたのです。ベッドから落ちると思ったところで、体に自由が戻り、不気味な気配は瞬く間に消えていきました。

恐怖のあまり、私の体は冷たくなっていました。それなのに、全身汗でびっしょりでした。

しかし、恐怖はそれで終わったわけではありません。

翌日もおなじ時刻におなじように現われ、私のまわりを三回まわって消えていった気配があったのでした。

私は私よりも霊感が強いというKさんに相談しました。

「それは……生霊ね。誰かに恨みをかってない？」

Kさんはそういいましたが、私は生霊になってまで出てくる人の見当などつきません。

おなじことの繰り返しでも、恐怖が薄れることはなく、寝不足の夜が続きましたが、一週間ほど経ったころから、ぷっつりと現われなくなりました。

あれが本当に生霊だったのか、もしそうなら、誰だったのか、いまだにわかりません。

車で轢いたタヌキの祟《たた》り——谷川亜紀(四十五歳)

これは友人のA子に起こった出来事です。

いまから十七年ほど前、彼女は渓流や紅葉で有名なT湖の遊覧船のガイドをしていました。T湖は風光明媚な観光地であるとともに、地元では不気味な話がつきないという湖でもありました。

梅雨にさしかかるころの夜のことでした。

T湖での仕事を終え、寮に帰るため山道を運転していたA子は、林のなかから黒い影が飛び出してきたことに気づき、急ブレーキをかけました。

しかし、一瞬、遅かったようです。

「ドスン!」

という音とともに車体に衝撃が伝わりました。

「ああ……やっちゃった……！」

ヘッドライトに驚いて身動きが取れなくなった山の動物に違いありません。

A子は恐る恐る車を降り、車の前にうずくまる黒い物体を確認しに行きました。

それは、柴犬ほどの大きさのタヌキだったといいます。

喉から息が漏れるような音が聞こえ、体はかすかに動いていました。

A子は気持ちが悪くなり、急いで車に戻ると、黒い物体を避けるようにハンドルを切り、そのままアクセルを思いきり踏んで、逃げ帰ってしまいました。

「四つ足のものは傷つけるもんじゃないよ。ろくなことが起きないから」

寮に戻って先輩にそういわれてしまったA子は、見捨ててきてしまったことを後悔しました。

そして、次の日の朝早く、昨日の現場に向かってみたのですが、タヌキの姿はなく、道に血痕が残っているようなようすもありませんでした。

ところが、その日以来、奇妙なことが始まったのです。

A子が車を運転すると、まず前方に犬が飛び出してきました。A子が急ブレーキをかけると、あわやというところで、犬はなんとか回避してくれました。

高鳴る鼓動が収まらないうちに、今度は猫です。

そして、雀やカラスまでがA子の車をめがけるように飛びこんでくるようになってしまったというのです。

「これって……タヌキの祟《たた》り……?」

A子は大量のお守りを買いこんで、バックミラーに下げました。

それが功を奏したのかどうか、定かではありませんが、現われる動物の数は幾分減ってきたように思われました。

そんな矢先、久しぶりに実家に帰り、助手席に兄を乗せて買い物に出かけたA子に再び災難が襲いかかります。

夕暮れの下り坂を走っていたA子が、急カーブにさしかかったとたん、ハンドルを大きく右に切ったのです。

「おい、バカ! なにやってんだ!」

助手席の兄がA子の手を払いのけ、素早くハンドルを左に戻しきります。車は激しい衝撃とともに路肩の藪のなかに突っこんで、止まりました。

反対車線を、大型トラックが大きくクラクションを鳴らしながら通りすぎていきました。

「おまえ、いまトラックに突っこんでいこうとしたんだぞ。おかしくなったのか!」

兄に怒鳴られ、青ざめた顔でA子は答えました。

「だって、道の真ん中にあんな大きな犬みたいなのが座ってたじゃない。こっちを睨《にら》みつけてたじゃない。だから、よけようと思って……」

A子は黒い獣が座り込んでいたといいはります。

しかし、兄にはそんなものは見えませんでした。

「何もいなかったよ……」

兄に静かにいわれ、もう一度、目を凝らしてみましたが、A子にも何も見えませんでした。木々が一瞬、大きくざわめき、どこからか不気味な動物の鳴き声が聞こえたような気がしました。

その後、A子の車の前に飛び出してくる動物はいなくなったといいますが、あれは本当にタヌキの祟りだったのでしょうか。

引っ越しの理由——藤崎 順（三十二歳）

友人が突然、引っ越しをしました。

急なことだったので、手伝いに行くことができたのは私だけです。新築の一軒家に住んでいた友人の荷物を引っ越し業者といっしょに賃貸のアパートに運びこみながら、何か事情はあるのだろうと、気がついていました。

聞いてはいけない事情があるのかもしれないと、引っ越しの理由には触れないまま、荷物を運び終えたあと、友人に誘われ、近くの居酒屋に向かいました。

そこで、ふたりきりになると、彼はこんな話を始めたのです。

マイホームを建てたのはちょうど三年前のことになるけど、そのころ、すでに隣の物件はあったんだ。ずいぶん古い家で、初めは空き家だったんだ。

隣の家に人が住んでいないというのも不用心だし、誰か入ってくれないかなと思ってはいたんだが、そのうち、隣から何かしら音が聞こえてくるようになった。誰か引っ越してきたのかと思ったんだが、実際は前とおなじ空き家。

それなのに、生活音のようなものが聞こえてくるんだよ。昼間、家にいない自分より、妻のほうが音には敏感になっていた。

不気味な家……いつのまにか、そんな印象をもつようになっていた。

それから少しして、隣の空き家に本当に入居者がやってきたんだ。

挨拶に来たときには、のんびりと温かそうな家族だったんだが……ほどなく、ようすが変わってきた。旦那さんも奥さんもげっそりして、疲れたような表情になってしまった。

あまり気になったので、それとなく聞いてみると、

「出るんです……」

と、いうじゃないか。

もちろん、半信半疑だったよ。

でも、そんなある日、真っ昼間に奥さんが家に逃げこんできたと思ったら、すぐに、どこかへ引っ越していってしまったんだ。

そのとき、マイホームの購入を間違えたと思ったね。

一家族だけじゃないんだ。

つぎも、そのつぎの一家も、入ったと思ったら、疲れきったようすで出ていってしまう。でも、家はやっと手に入れたマイホームで、ローンも組んだばかりだろ？　出るに出られなかったのさ。

それから、つぎに隣に引っ越してきたのは、挨拶にも来ないような家族だった。

やってきたのは、ゴールデンウィークも半ばをすぎたころのことで、家具を運びこむ音を聞きながら、今度はいつ出ていくだろうと、思っていたよ。だから、なんとなく、隣のようすを窺うのが日課になっていたけど、いつもとようすが違っていた。

ある夜、午前一時をすぎたころだと思うが、隣がうるさくて、オレと妻は顔を見合わせ、ため息をついてしまったよ。物音とか、誰かが叫んでいるとかいうのではなく、玄関の前で井戸端会議をしている……そんな感じだった。何を話しているのか不鮮明で聞き取れないのに、耳につくいやな話し声だった。

それが、その日から毎日続くようになったんだ。

それまで、わが家には雨戸を閉める習慣がなかったけれど、得体の知れない不気味さを避けるように、全部しっかり閉めるようになった。

そのころから、妻がおかしなことをいいはじめたんだ。

「隣の話し声、なんだか……近づいてきているような気がする……」

そんなバカな、と思ったが、その夜、耳を澄ませてみると、なるほど、隣の家から聞こえていた声が自分の家の玄関あたりから聞こえてきている……。

次の日には、庭から聞こえはじめた。

庭の複数の気配に、バットをもって玄関からまわりこんでみたが、覗いた瞬間に、その気配は消えてしまって、ウソのように誰もいないんだ。

そして、眠ろうと、ベッドに入ると、また聞こえてくる……。

それだけじゃない。妻は、その声が「夜だけじゃなく、昼間も聞こえだした」というんだ。妻はほとんどノイローゼのようになっていたよ。

それからは、何もかも、目まぐるしく変化していった。

妻は「家のなかに入ってきた」というし、オレもそんなふうに感じていた。廊下を誰かが走る音がしたり、目の端に誰かが立っているのが見え、振り向くと誰もいない。あげくには座敷でひとり遊んでいた息子が、誰もいない空間に向かって話しかけている。

ある日、大好きなおもちゃを床に置いたまま、じっと見つめていた息子が「もう、返して」というのを聞いて、ゾッとした。

胸の鼓動がバクバク速くなるのを隠しながら、ゆっくり息子に聞いたんだ。

「誰と話してるんだ？」

すると、息子ははっきり答えたよ。

「タカシくん」

背筋が寒くなるのを感じながら、「そんな人はいない」といったんだが、息子は「タカシくんが僕のおもちゃをとった……」といいながら、オレの顔を悲しそうに見るんだ。

見かねた妻が「もう大丈夫、これはあなたのよ」と息子に言い聞かせながら、おもちゃを渡したんだが……息子はそれを受け取らなかった。

「まだだよ。タカシくんがおもちゃ、つかんだままだもん」

オレたちには見えない子供がいたんだよ。

すぐに、息子を抱いて座敷から逃げ出したが、息子が見ていたのはタカシくんだけじゃなかったんだ。『お母さん』も、遊んでいるのをしっかり見ていて、おもちゃの取り合いになると、息子を怖い顔で睨むというんだ。

妻は昼間も息子とふたりだけで家にいることができなくなって、オレが帰るまで、友達の家に行ったり、買い物をしたりして時間を潰していたんだが、ある日、集金の都合で、家にいなければならなくなってしまった。

そして、玄関で物音がしたので、集金の人が来たと思って出ていったそうなんだが、そこで見てしまったんだよ。

玄関の前には男の子とお父さん、お母さんらしい人が、まるで「かごめかごめ」をするみたいに輪になって、立っていたというんだ。三人は妻には関心がないように、どこを見ているかわからない視線を宙に泳がせながら、口を高速で動かしつづけていたらしい。その声は、それまで家の外から聞こえてきていたものとまったくおなじだった……。

妻は気がついたんだ。

隣にいた得体の知れない者がわが家に住みついてしまった……と。

もう限界だったよ。

あの家には住めない。だから、こんな急な引っ越しになったんだ。おまえが怖がると思って、何もいわなかったけど、今日、あの家を出るとき、オレも見てしまったのさ。最後に戸締まりを確かめて、玄関を出るとき、三人が家のなかに立ってじっとオレを見ていたんだ。無表情でさ。

なんで、こんな目に遭わなきゃならないのか、わけがわからない。

あいつら、越してきたんだよ。信じられるか？　乗っ取られたみたいだ。オレの家を返してくれよ。

「家を返してくれ」という言葉を最後に、私たちは居酒屋を出ました。そのときの彼の行き場のないやるせない表情を忘れられません。

ナムコ・ナンジャタウン
「あなたの隣の怖い話コンテスト」事務局

2007年の夏、東京・池袋の屋内型テーマパーク「ナムコ・ナンジャタウン」で恒例の「あなたの隣の怖い話コンテスト」が開催され、日本全国から膨大な数の霊体験恐怖実話が寄せられた。本書は、そのなかから入賞作品をはじめ、47のとびきり怖い話を厳選収録したものである。

※「怖い話」の募集は、現在は行なっておりません。
※「ナムコ・ナンジャタウン」はリニューアルのため「ナンジャタウン」に名称変更となっております。

本書は、2008年6月に小社が発刊した書籍の改装改訂新版です。

二見レインボー文庫

怪談《かいだん》　本当《ほんとう》に起《お》きた話《はなし》

編者　ナムコ・ナンジャタウン
「あなたの隣《となり》の怖《こわ》い話《はなし》コンテスト」事務局《じむきょく》

発行所　株式会社 二見書房
東京都千代田区神田三崎町2-18-11
電話　03(3515)2311［営業］
03(3515)2313［編集］
振替　00170-4-2639

印刷　株式会社 堀内印刷所
製本　株式会社 村上製本所

ISBN978-4-576-19066-2
https://www.futami.co.jp/